CONSIDÉRATIONS

SUR LA DÉMOCRATIE.

Périgueux, imprimerie A. BOUCHARIE.

CONSIDÉRATIONS

SUR LA

DÉMOCRATIE,

Par M. de Sainte-Aulaire,

ANCIEN DÉPUTÉ.

I. De la Démocratie dans l'Antiquité et au Moyen-Age

II. Une République démocratique au Moyen-Age. -- Notice historique sur la ville de Périgueux.

III. De la Démocratie moderne.

PARIS,

GARNIER FRÈRES, LIBRAIRES-ÉDITEURS,

RUE DE RICHELIEU ET PALAIS-NATIONAL, 10.

1850.

DES CONDITIONS DE LA DÉMOCRATIE

DANS L'ANTIQUITÉ ET AU MOYEN-AGE.

Quand, après avoir lu dans le journal du jour le compte-rendu de la dernière séance législative, on cherche dans quelque vieux livre d'histoire une distraction nécessaire à l'esprit attristé par le spectacle des misères présentes, on est frappé d'une analogie singulière entre les institutions que les libéraux d'aujourd'hui réclament avec le plus d'instance, comme le dernier mot de la civilisation, et les institutions primitives, sous l'influence desquelles s'est fondée, développée peu à peu, constituée enfin après beaucoup de transformations successives, la société dans laquelle nous vivons. Les idées pour lesquelles se passionne aujourd'hui le monde ne sont pas nouvelles en effet. Cette devise, inscrite sur nos drapeaux : *Liberté, Égalité, Fraternité,* ne contient rien qui ne fût connu, apprécié, pratiqué bien avant l'ère nouvelle de la révolution française, et c'est une prétention singulière de la part de nos législateurs modernes, d'avoir créé eux-mêmes les idoles qu'ils veulent nous faire adorer. Plus on y pense, et plus ou a de peine à se rendre compte de cette double passion qui se partage le cœur de notre génération actelle : d'une part, aversion pour le passé, et tout ce qui le rappelle ; de l'autre, enthousiasme ardent pour le principe démocratique et volonté d'assurer sa prépondérance dans nos lois ; mépris pour le *bon vieux temps*, et culte pour les principes qui servaient de base à une société détestée !... Rien de plus injuste à notre avis, mais à coup sûr, rien de plus contradictoire que ces deux sentimens. En principe, la *démocratie pure*, c'est *la pure barbarie* ; le pouvoir d'un seul, succédant au pouvoir de tous, a marqué le premier progrès de la civilisation ;

progrès après lequel beaucoup d'autres restaient à faire sans doute ; le despotisme n'est assurément pas la perfection ; mais enfin, il vaut mieux que l'état primitif ; il a été une conquête sur l'état barbare (1) ; et le remplacer au XIXe siècle s'il existait encore aujourd'hui quelque part dans le monde par la démocratie pure, ce serait nous ramener de plusieurs siècles en arrière. — En fait, la démocratie n'est pas une découverte contemporaine. Ses récens adorateurs ne l'ont point inventée ; elle devait avoir, et elle a eu sa part d'influence dans les destinées de notre pays, à toutes les époques de notre histoire. Elle florissait même en plein moyen âge ; et si jamais, Dieu merci, elle n'a absorbé le gouvernement tout entier, jamais non plus, elle n'en a été complètement bannie.

(1) « Quand la force du souverain prévaut, on a le despotisme. Quand « la force du peuple l'emporte, on a l'anarchie ; et il faut qu'un des deux « prévale tôt ou tard. Toute lutte dont le pouvoir est l'objet est trop vio- « lente pour durer long-temps, et pendant qu'elle dure l'état est en proie « à tous les maux qui peuvent accabler un peuple. C'est ce qui rend le « despotisme de beaucoup préférable à l'anarchie, car l'anarchie n'est « que le choc de tous les pouvoirs particuliers dont chacun cherche à « prévaloir ; et jusqu'à ce qu'un prévale, le désordre est à son comble, « et l'unique loi est la destruction. Dans ce combat terrible de chacun « contre tous, tous périraient s'ils n'étaient vaincus. »

LAMENNAIS, *Essai sur l'indifférence.*

Elle ne pouvait pas l'être, car elle répond à un sentiment naturel qui bon gré malgré réussit à se faire sa place dans les institutions; le sentiment d'une certaine crainte respectueuse et en quelque sorte instinctive pour la force matérielle. Il est à la mode aujourd'hui de *spiritualiser* la démocratie, de la représenter comme une reine légitime de ce monde, injustement détrônée, victime d'une usurpation odieuse, et prête à rentrer enfin, grâce à la révolution française, en possession de tous ses droits. Mais à bien envisager les choses, et sans poésie, qu'est-ce donc que la démocratie, après tout, si ce n'est l'empire du grand nombre et le règne du plus fort? A-t-il donc fallu dix-neuf siècles pour arriver à la découverte de cette grande vérité, que cent hommes sont plus puissans qu'un seul; qu'une armée entière peut matériellement donner des ordres à son général, et que le jour où il lui plaît de ne plus tenir aucun compte de l'autorité morale, le joug en est bien facile à secouer; n'est-il pas évident que ce jour-là même la force physique, la force matérielle reprend tous ses droits, et l'empire *du fait*, sa réalité toute entière. Mais franchement est-ce là un progrès?... Et cette obéissance qui n'a rien de volontaire, est-elle donc de nature à honorer ou à grandir l'humanité?... Assurément non, et c'est bien plutôt tout le contraire; cette dépendance fatale, cette soumission nécessaire du petit nombre à la multitude, du faible au fort, est au contraire une des nécessités humiliantes de notre nature. Les efforts tentés pour s'y soustraire commandent notre admiration et nos respects. Le succès de ces efforts, quand l'histoire nous en présente un exemple, apparaît comme le triomphe de l'esprit sur la matière. Quand le pape saint Léon-le-Grand, par la seule autorité de sa parole et la majesté de sa présence, faisait reculer Attila, il remportait une victoire plus glorieuse pour la nature humaine que toutes celles dont le fléau de Dieu était redevable à ses hordes barbares. Malheureusement de tels exemples sont rares. Le plus souvent, hélas! Dieu est du côté des gros bataillons. C'est là l'ordre de la nature, le cours naturel des choses. Il n'y a pas à s'en plaindre; mais, en vérité, il n'y a pas non plus à s'en vanter.

L'empire de la démocratie n'est autre chose, à notre avis, que l'application de ce phénomène très usuel et très connu, que la pratique de cette vérité fort élémentaire : *Le pouvoir du plus fort.*— On a dit de l'homme : « C'est une intelligence servie par des organes. » La démocratie joue dans le corps social le même rôle que les organes dans le corps humain ; elle en est une partie nécessaire, et la société qui ne tiendrait pas compte de cette nécessité, périrait comme l'individu qui refuserait à l'entretien de sa santé physique des soins exclusivement prodigués au développement de son intelligence. Aucun gouvernement ne résisterait évidemment au régime de ce spiritualisme insensé, et l'histoire n'offre pas un seul exemple d'une constitution ayant vécu âge d'homme, qui n'ait tenu compte de ces deux élémens : démocratie ou droit du fait, du pouvoir qui s'impose, et aristocratie, droit de la convention, de la fiction, du pouvoir qui s'accepte. — Les proportions seules varient, et il faut bien reconnaître que plus l'empire du fait tend à devenir dominant, plus la civilisation qui s'appuie de préférence sur cette base est à l'état d'enfance. De même que certains sujets sont plus ou moins enfoncés dans la matière, de même certains gouvernemens sont plus ou moins absorbés par la démocratie. La hiérarchie, la discipline sociale, puissances de pure convention, répondent au contraire aux besoins plus nobles d'une civilisation plus avancée. Quoiqu'il en soit, les sociétés les plus fortes, les mieux constituées seront toujours celles qui, tenant compte avec un juste respect des intérêts, de la volonté, de la puissance effective et légitime des masses populaires, auront réussi cependant à contenir cette puissance matérielle dans de justes limites, à la plier sous le joug de certaines fictions tutélaires, universellement et volontairement respectées ? — C'est dans cette voie que se marque le véritable progrès, et c'est précisément la route opposée que l'on veut nous faire suivre.

Les fictions ont aujourd'hui perdu toute valeur politique. C'est une monnaie qui n'a plus cours, une puissance détrônée; et, chose singulière, il semble que l'on place son orgueil à ne plus invoquer que la seule autorité possédant par elle-même les moyens matériels de se faire obéir; le respect se confond de plus en plus avec la crainte. Singulier orgueil ! Cette confusion du respect et de la crainte est un des caractères du premier âge, une conséquence et une preuve de sa faiblesse; — mais pour des individus ou des sociétés sortis de l'enfance, elle devient au contraire la plus honteuse des dispositions; *initium sapientiæ timor*. La crainte est le commencement de la sagesse; il est vrai, — mais le commencement seulement ; la crainte est au respect ce que les bons instincts sont à la vertu; ils suffisent à la rigueur au premier âge ; mais ne comptez pas sur eux pour vous mener bien loin, ni pour vous élever bien haut ! Qui néglige d'employer les uns pour acquérir les autres, verra bientôt ces instrumens inutiles se tourner contre lui, et faute d'un travail assidu, d'efforts constans sur soi même, les instincts, qui pouvaient devenir des vertus, deviendront des vices sous l'influence desquels l'homme ou la société s'abrutiront. — Faute de vous élever jusqu'au respect, vous vous dégraderez jusqu'à la terreur, écueil infaillible de la démocratie abandonnée sans direction à ses tendances naturelles !...

La démocratie est donc à la fois et la condition nécessaire et le danger constant de toute société régulièrement organisée. Il en faut dans une certaine mesure pour que les institutions aient de la réalité et de la vie ; il n'en faut pas trop, de peur qu'elles manquent de la stabilité, de l'autorité morale suffisante. Aussi peut-on soutenir en fait que si jamais l'influence démocratique n'a été complètement absente dans les états dont l'histoire a conservé le souvenir, jamais non plus elle n'a été unique et exclusivement dominante. La dignité de l'esprit humain a toujours répugné à l'application trop constante de la loi du plus fort ; et toujours le principe démocratique a trouvé, soit dans les institutions, soit dans les mœurs publiques, un contre-poids plus ou moins barbare, mais efficace. Le remède bien souvent peut paraître pire que le mal. Ainsi, dans l'antiquité, par exemple, ce contre-poids naturel, cette *raison d'être* de la démocratie, c'était l'esclavage. C'est par une sorte de réaction contre le despotisme absolu des masses que, dans les états de l'antiquité les plus démocratiquement constitués, l'esclavage a long-temps existé avant, comme depuis l'établissement du christianisme, qui a cependant fini par en triompher. En fait de démocratie, que peut-on demander de mieux que les constitutions des républiques antiques ? Souveraineté du peuple proclamée en principe et pratiquée dans toutes ses conséquences, assemblées du peuple délibérant sur la place publique, pouvoirs électifs à tous les degrés, etc. C'est bien là évidemment l'application la plus large qui ait jamais été faite du principe démocratique, du droit divin des multitudes! — Mais à côté du peuple souverain, maintenu par la constitution, en pleine possession de tous ses droits politiques, une population égale ou supérieure en nombre à la masse des citoyens était privée de tout droit politique, exclue de toute existence civile, vouée à l'obéissance et à l'oppression. Certes, ce correctif de la démocratie était barbare, encore une fois. C'était une monstrueuse iniquité que cette inégalité de conditions établie entre des hommes que Dieu a fait égaux, et qui doivent le rester devant la loi civile ; bien loin de nous la pensée d'atténuer la légitime horreur qu'inspire l'esclavage aux esprits éclairés du XIXe siècle. Un des plus grands bienfaits du christianisme est de l'avoir peu à peu rendu impossible ! Mais d'abord, la philosophie démocratique de l'antiquité, il est bon de le faire observer, s'en arrangeait à merveille. Pendant des siècles, la démocratie a toléré, encouragé l'esclavage, sans se douter qu'elle se rendait coupable de la plus frappante inconséquence! Le *peuple souverain* souffrait, sans aucun scrupule, derrière lui le *peuple esclave;* l'un n'allait pas sans l'autre, et la postérité impartiale ne sépare pas l'un de l'autre dans le jugement qu'elle porte aujourd'hui sur la civilisation antique. — Mais ensuite, cette inconséquence de la philosophie démocratique de l'antiquité avait son motif, sinon son excuse; elle avait sa nécessité dans la démocratie elle-même. Il fallait bien, en effet, il fallait à tout prix, soustraire la société à ce despotisme mobile et intolérable des majorités numériques, à l'application abrutissante du pur droit naturel; il fallait trouver pour le gouvernement une autre base que celle du nombre et de la force matérielle. Grâce à l'esclavage, la société présentait du moins l'apparence d'une organisation hiérarchique quelconque, d'un certain ordre, d'une certaine discipline intérieure, sans lesquels aucune société n'est possible. Si l'homme libre voyait au forum son individualité entièrement absorbée, il sentait, dans sa maison, au milieu de ses esclaves, sa dignité grandir; si sa responsabilité était nulle dans la vie publique, elle était immense dans la vie privée. La dégradation et la misère de ses frères devant Dieu, d'une partie notable de la population, en faisaient, il est vrai, tous les frais, et c'est là ce dont le christianisme a fait justice. — Mais, pour le temps où il était possible, l'esclavage n'en a pas moins rendu cet immense service à l'humanité, de conserver à l'homme libre sa dignité, son individualité, que les flots envahisseurs de la démocratie menaçaient de submerger entièrement. C'est lui qui a empêché la démocratie antique de dégénérer en une sorte de matérialisme politique, et qui l'a fait vivre pendant des siècles à l'état de gouvernement constitué. Au principe même de la démocratie, à laquelle ils étaient impitoyablement sacrifiés, les esclaves auraient pu appliquer ce mot qu'ils adressaient à César : « *Morituri te salutant.* »

Et cela est si vrai, — il est si vrai que les institutions politiques de l'antiquité avaient besoin pour se soutenir de l'esclavage maintenu comme institution civile, — qu'aujourd'hui même, aux yeux de la postérité toujours disposée en général à prendre parti pour les victimes, la cause des opprimés de ce temps-là n'apparaît pas comme celle de la civilisation et de l'humanité !... Ces hommes armés et esclaves comptant leur nombre, animés par la conscience de leurs forces, par le sentiment de leurs droits méconnus, voyez-les faire appel à la force ! *se révolter*, et tourner leurs armes contre leurs oppresseurs !... — D'où vient que malgré soi, l'on n'éprouve pas pour eux cette sympathie ardente, exclusive que devraient leur attirer leurs souffrances et l'injustice de leur sort ?... C'est que ce n'est pas seulement, on le sent bien, la forme de leur gouvernement, c'est la société toute entière qu'ils attaquaient, et qui aurait péri dans leur triomphe ; c'est qu'ils étaient les vrais ennemis de l'ordre social tout entier. — Que Spartacus fût demeuré vainqueur, en effet, et, si légitime que fût sa querelle, sa victoire n'en était pas moins un grand malheur ; elle préparait le retour infaillible du monde à la pure barbarie ; les destinées futures de la civilisation étaient évidemment compromises.

Dans nos temps plus modernes, et après que l'esclavage eut disparu des codes, le fractionnement de l'ancienne société française et l'esprit éminemment hiérarchique dont toutes ses parties étaient animées, suffisait pour contenir dans de justes limites l'influence de la démocratie; mais cette influence n'en était pas moins très grande; les institutions comme les mœurs publiques lui faisaient une très large part dans chacune des familles sociales, des petites républiques dont la réunion formait *l'état, la société* toute entière. — C'est là qu'est en effet la différence essentielle entre l'ancienne et la nouvelle France. L'unité sociale était autrefois collective; elle est aujourd'hui individuelle. L'état ne se compose plus que de citoyens, traite directement et sans intermédiaire avec eux; autrefois il avait affaire à des agglomérations d'individus, à des corps constitués indépendamment et en dehors de lui. La révolution française a brisé tous ces corps intermédiaires, absorbé toutes ces petites républiques pour appliquer, sur une large échelle, à la societé démésurément agrandie, leurs institutions et leurs lois. C'est là, en définitive, un des principaux résultats pratiques (si l'on veut, une des conquêtes) de toutes les crises révolutionnaires que nous avons traversées depuis soixante ans; substitution de la *personne* à la *classe*, du citoyen à la corporation; de l'homme, personne réelle, à la famille civile, personne légale. C'est ce travail de dédoublement qui a été l'œuvre de prédilection de la révolution française; du reste, elle a peu inventé; la plupart des élémens qu'elle a cru introduire dans la constitution de la société moderne existaient et fonctionnaient en réalité dans l'ancienne ; leur mise en œuvre seule a changé; et souvent, il faut le dire, elle a trompé les desseins, trahi les intentions démocratiques des nouveaux législateurs.

Quoi de plus favorable, en effet, au développement du principe démocratique que cette élasticité du lien fédéral qui unissait ensemble toutes les parties d'un même tout !... Dans ces républiques fédératives, dont la réunion formait l'ancienne monarchie, qui ne reconnaîtra que tous les citoyens, comme on dit aujourd'hui, trouvaient dans l'égalité la règle de leurs rapports mutuels, dans la fraternité la garantie de leur sécurité extérieure?... Que sans cesse, soit pour la paix, soit pour la guerre, chaque membre d'une même famille avait besoin de compter sur son voisin, de réclamer son assistance et son appui?... De là venait cet esprit de corps ou de famille que l'on ne comprend plus guère aujourd'hui que comme un sentiment de piété individuel ou comme un instinct d'égoïsme, et qui, à chaque page de notre ancienne histoire, apparaît comme une partie nécessaire, comme un élément constitutif du patriotisme. Cet amour ardent, jaloux parfois, exclusif comme tous les amours de la corporation, du fractionnement quelconque de la société auquel on appartenait plus spécialement, soit par le hasard de sa naissance, soit par le choix de la carrière à laquelle on s'était volontairement consacré. — Rien de plus injuste, que de considérer cet esprit de corps, si commun dans l'ancien régime, comme un sentiment aristocratique, et appartenant exclusivement aux classes supérieures de la société. Ce sentiment se retrouvait, avec des modifications, sans doute, mais enfin il se retrouvait très éveillé, très puissant à tous les degrés de l'échelle sociale. Chez les uns, c'était l'amour de la race, l'instinct de ce que devait un gentilhomme au noble sang dont il était sorti; dans la magistrature, c'était le culte presque religieux de certaines habitudes austères et graves, commandant à tous le respect, que ces consciencieux magistrats avaient d'abord pour eux-mêmes. Et, chez les religieux des différens ordres si multipliés qui peuplaient la France, quel esprit de corps!... quelle abnégation de l'individu pour disparaître volontairement, pour se faire absorber en quelque sorte par l'ordre, par la maison à laquelle il avait voué son existence, consacré sa vie toute entière!... C'est quelque chose qui nous paraît inconcevable, dans notre époque d'individualisme, que le renoncement à soi-même poussé à ce point. Hélas! il faut bien le dire, ce renoncement n'était pas toujours au profit du ciel; les intérêts du couvent, l'ambition d'assurer sa prospérité matérielle, d'augmenter son importance, sa réputation ou sa richesse, réduisaient souvent aux proportions d'un calcul vulgaire ce miracle de désintéressement personnel!... — Mais enfin, quel qu'en fût le motif, les dévouemens n'étaient pas stériles. Combien d'hommes au fond du cloître, leur patrie immédiate, ont consacré les efforts de leur patient et persévérant génie à élever ces monumens impérissables de science et d'érudition, dont la postérité reconnaissante regrette de ne pouvoir vénérer par leur nom et directement les auteurs!... Que leur importait leur nom? — Ils se contentaient de cette idée : « La postérité dira : c'est là l'œuvre d'un bénédictin;

c'est là l'œuvre d'un jésuite ou d'un dominicain, ou d'un cistersien... ; » c'était assez pour la vanité de l'auteur; il ne désirait rien de plus, quand il avait assuré à son ordre l'héritage de gloire et le tribut de reconnaissance qui auraient pu lui revenir à lui-même.

Jusque dans les classes inférieures de la société, le même esprit de corps, de caste ou de famille, comme on voudra l'appeler, se retrouvait encore ; c'était à la corporation, au corps de métier qu'était lié l'artisan, par des liens aussi vénérés, aussi respectables que ceux qui attachaient le gentilhomme à sa maison, le magistrat au corps de la magistrature, le religieux à son ordre monastique. Grâce à ce sentiment universel, à cet esprit général de cohésion partielle, la démocratie était possible à *très forte dose*. Ainsi tempérée, elle circulait librement et sans danger dans toutes les veines du corps social. Si, d'un côté, toutes les conséquences du principe démocratique, si les conditions d'une parfaite égalité, servaient de base aux rapports mutuels entre les membres d'une même famille civile, entre gentilshommes, entre religieux du même couvent, bourgeois d'une même ville, habitans d'une même campagne, citoyens d'une même commune, de l'autre côté, ces familles, ces castes diverses, existaient elles-mêmes dans la société, à des conditions diverses, inégales. A l'intérieur de la famille, la pratique du droit naturel était possible, précisément parce que, au dehors, la fiction constitutionnelle reprenait son empire et son autorité. Ces rapports de classe à classe, ces classes elles-mêmes, l'*individualisation* de la société les a fait disparaître ; l'état ne reconnaît plus que des citoyens ; il traite directement et sans intermédiaire avec eux : l'unité a remplacé l'union. — Est-ce un progrès? surtout est-ce un progrès dans le sens de la démocratie, compatible avec la plus large application possible du principe démocratique? — Assurément non.

Loin de nous la pensée de nier en thèse générale les avantages de cette dernière forme de gouvernement. L'unité, quand elle n'est pas un des masques du despotisme, est un précieux élément de force et de grandeur pour un état. Mais il n'y aurait ni profit ni raison à méconnaître aussi ses inconvéniens et ses dangers. A la solution si nécessaire et déjà si difficile de cet éternel problème, l'alliance dans une juste mesure du pouvoir et de la liberté, elle apporte une difficulté de plus; toutes ses affinités sont avec le pouvoir; elle pèse directement sur l'individu. En vain, la constitution reconnaît au citoyen les droits les plus étendus, les libertés les plus larges, il faut le rattacher directement à l'*état*, être de raison, Providence invisible et mystérieuse, moins familière, moins facile à connaître, à aimer, à servir que la corporation d'autrefois, taillée pour ainsi dire sur le patron de l'individu lui-même; sorte de famille où s'absorbaient ses intérêts, ses passions, ses petitesses..... Il faut reprendre d'une main ce qu'on donne de l'autre; appliquer aux libertés individuelles une sorte de loi d'expropriation pour cause d'utilité publique; rogner la part de chacun pour assurer à tous une part de lion. — Et que devient la démocratie à cette condition préalable de l'unité civile et politique?... Où sera son modérateur, son contre-poids nécessaire? — Plus de distinctions entre les individus, comme dans l'antiquité; — plus de séparations entre les diverses catégories sociales, comme dans l'ancienne France; — plus rien dans l'état que l'*homme* proclamé libre en droit, mais, en fait, exproprié de sa liberté, pour obéir; et une abstraction insaisissable, *la majorité*, pour commander. Ainsi, maintenir la société en équilibre, comme un immense édifice sans base et sans sommet, voilà le problème qu'on se propose aujourd'hui; nous le croyons insoluble.

On s'est imaginé servir la démocratie en renversant l'ancien régime; on a cru travailler à son profit en battant en brèche et en parvenant à faire écrouler en 1789, dans la poussière de l'individualisme, tout ce système des ordres et des classes adopté au moyen-âge. On s'est trompé, à notre avis. Ce système avait fait son temps; il ne répondait plus au besoin des sociétés modernes!... A la bonne heure. — Nous ne voudrions pas soutenir le contraire, et d'ailleurs, la discussion sur ce point serait, en tout cas, fort inutile. Quelqu'eût pu être encore l'utilité de ce régime, au moment où il a succombé, le comble de la folie serait assurément de rêver aujourd'hui pour lui une restauration impossible! Les révolutions, et c'est là un de leurs malheurs, un de leurs crimes, frappent de mort les idées qu'elles touchent. Souvent, les regrets, la reconnaissance même de la postérité désabusée réhabilitent plus tard des préjugés salutaires, des superstitions utiles ; jamais on ne parvient à leur rendre l'efficacité une fois perdue. Comme les sphinx de la fable, ces moteurs mystérieux de la civilisation se précipitent dans le gouffre, aussitôt qu'on a deviné leur énigme. — Que l'on s'efforce donc de trouver au principe démocratique de nouveaux tempéramens ; qu'on lui remette le gouvernement à des conditions nouvelles, rien de mieux ; mais qu'on veuille lui confier le gouvernement sans condition, lui livrer la société pieds et poings liés, pour l'y laisser dominer uniquement, absolument, c'est vouloir organiser le chaos.

L'esprit, la tendance des anciennes institutions politiques et administratives de la France étaient éminemment démocratiques, pratiquement républicaines. Le nom seul y manquait, et les nôtres n'en ont guère aujourd'hui que le nom. Parce que la démocratie, rompant ses digues comme un torrent débordé, a un jour envahi et englouti l'ancien régime, on suppose qu'elle en avait jusqu'alors été complètement absente. On veut absolument faire dater sa naissance dans la société française d'une grande bataille livrée et gagnée par elle. On ne réfléchit pas que la démocratie est un principe de guerre, de luttes continuelles, et que bien avant sa campagne de 1789 elle s'agitait armée, inquiète, envahissante, avec tous les caractères enfin qui la distinguent dans tous les temps. L'*égalité absolue* était la loi commune, à l'origine de notre histoire, à l'époque de l'invasion des barbares, alors qu'un soldat de l'armée de Clovis lui disputait une part égale dans le partage du butin. Plus tard, quand l'État se fut régulièrement constitué sur les bases du régime féodal, et plus on se rapproche des temps modernes, plus, en observant la marche de la démocratie, on remarque qu'elle s'infiltre pour ainsi dire dans chacun des élémens de la société qui devient chaque jour plus complète. L'*égalité*, cette première conséquence du principe démocratique, pliée aux besoins de la civilisation et aux nécessités du gouvernement, est assujettie à certaines règles, contenue dans certaines limites, parquée pour ainsi dire; mais elle ne disparaît pas; elle ne cesse pas de servir de base aux constitutions intérieures de toutes les petites sociétés qui réunies formaient la grande. — Rien de plus démocratique, par exemple, que l'organisation du corps de la noblesse. L'assertion paraîtra sans doute paradoxale si l'on veut l'appliquer aux derniers temps de la monarchie, alors que les institutions, faussées par le despotisme ou la corruption des mœurs privées, avaient momentanément perdu toute efficacité, et que la noblesse en *talons rouges* paradait dans les salons de Versailles. — Mais en remontant plus haut, avant cette triste époque de dissolution et de décadence qui a immédiatement précédé et provoqué la grande crise de la révolution française, on trouve qu'en principe tous les membres de la noblesse étaient égaux entre eux, et que, dans le cours de sa carrière publique, le gentilhomme était le fils de ses œuvres, récoltait ce qu'il avait semé.

L'existence de ceux qu'on était convenu d'appeler les grands seigneurs était *nécessairement*, avant le XVIIIe siècle, active, agitée, laborieuse, bien plus, sans aucun doute, que celle de nos hommes d'état d'aujourd'hui; et alors, au moins autant qu'à présent, l'illustration, la richesse, la considération n'étaient guère que la récompense d'un travail de tous les instans, commencé dès l'enfance, continué dans la jeunesse, dans l'âge mûr, et à toutes les époques de la vie.

Une foule d'exemples prouveraient jusqu'à l'évidence que les hautes situations étaient loin de conférer alors des bénéfices sans charges; qu'elles ne s'obtenaient, qu'elles ne se conservaient pas sans peine, et qu'il fallait comme aujourd'hui, pour *sortir de pair*, une capacité réelle exploitée par un travail persévérant, et une énergique volonté. Ainsi tous les privilégiés de cette époque quittaient de bonne heure la maison paternelle, pour aller recueillir et méditer les leçons d'un savant professeur, ou suivre les cours d'une université célèbre, ou faire sous un maître étranger un sérieux et pénible apprentissage de l'art militaire, se rompre à le discipline, apprendre la respect, préparer leurs destinées futures. Tous étaient soumis au même régime, traités de la même manière. Dans les demeures seigneuriales, autour d'un homme dont les services, les vertus, la considération, étaient de nature à attirer la confiance de ses *pairs*, on voyait se grouper un certain nombre de jeunes gens, souvent des plus grandes maisons, qui vivaient là pendant plusieurs années, réunis dans un commun apprentissage, sans aucune des distinctions qui marquent les inégalités sociales. — Certes les conditions de l'éducation publique aujourd'hui, ces conditions que nos lois, en lutte constante avec nos mœurs, ont tant de peine à règlementer, sont loin d'être aussi réellement *démocratiques*. — Plus tard, une fois sortis de l'enfance et de la première jeunesse, les gentilshommes avaient à travailler encore activement, énergiquement pour mériter les avantages de leur condition, pour illustrer leur nom, ou pour lui conserver une illustration déjà acquise. Dans ce premier ordre de l'état, dans cette *république de la noblesse*, la constitution intérieure était donc basée sur l'observation du droit commun. L'égalité relative, l'obligation de travailler pour parvenir, la pratique d'une véritable fraternité, entretenue par l'usage de cette éducation à la fois publique et privée; tous les caractères enfin de la démocratie moderne, telle qu'on travaille à la restaurer dans nos lois, se retrouvent dans la constitution intérieure du corps de la noblesse.

Quant à l'égalité civile entre les citoyens nobles et ceux qui ne l'étaient pas, à l'égalité dans le sens abstrait et philosophique de nos chartes modernes : « *Tous les Français sont égaux devant la loi*, » nous avons déjà reconnu qu'elle n'existait pas en droit. La *mission sociale* de chacun, les droits, les devoirs qui résultaient pour lui de la condition où la Providence l'avait fait naître, étaient différens. — Mais, sans essayer de réhabiliter sous ce rapport l'ancien régime, que nous ne prétendons certes pas citer comme un modèle, à des faits, malheureusement trop nombreux, dans ces temps barbares, de criminelle violence, d'un coupable ABUS DES INFLUENCES, on pourrait en opposer d'autres pour prouver qu'*en fait* les mœurs publiques n'ont jamais consacré ce prétendu droit d'oppression exercé par une classe sur une autre. — La séparation était légale ; la domination ne l'était pas. La chronique suivante (1), écrite dans la se-

(1) « Lemovicensis Vicecomes Ademarus interim partem terræ comitis « Petragorici jure consanguinitatis ab eodem exigebat. Ea de causa multos annos cum eo conflixit, adeo ut cum ducentis militibus Provinciam comitis vicecomes devastaret. Inde gravis orta est guerra inter « urbem et Podium Sancti Frontonis. Die quadam dum cives invicem « prodirent ad præliandum cominus, vir quidam alti sanguinis, Petrus « cognomento de Periguors a burgensibus de podio peremptus et in flumen demersus est. Quo facto quidam Petrus cognomine Vivota dives « argento et consilio pauper, equum occisi militis ascendit, annulum « que digito imponens, voce præconis, civibus exclamat : *Heu miseri* ?

conde moitié du XIIe siècle, et rapportée par le père Labbe, peut servir à le démontrer :

« Pendant une guerre acharnée que se fai-
« saient la Cité de Périgueux et la ville du Puy-
« Saint-Front, un homme d'illustre naissance
« *(alti sanguinis)*, nommé Pierre de Périguors,
« vint à être tué par les bourgeois du Puy-
« Saint-Front, dans un engagement, et son
« corps jetté dans la rivière. Après avoir fait le
« coup, un certain Pierre Vivotte, homme riche

« *quo ivit Petrus princeps vester?* Quo cognito cives incredibili luctu « virum illustrem lamentabantur. Quid vexabo lectorem? Quando tem- « pus vidit sibi suppetere filius occisi, Petrus nomine, *occidit* eumdem « Petrum Vivota interfectorem patris. Guerra peracta, Petrus de Peri- « guors placitum fecit cum Petro Vivota filio burgensis occisi. Fecit « nempe miles rustico *hominium*, munera dedit ; insuper prolem ipsius « de fonte sacro levavit. Rusticus dolum in corde tandiu tenuit, Quous- « que instigante pacis innimico ad effectum imo ad deffectum protraxit. « Quodam die vocavit servus dominum qui pro pace servanda dominus « servo, hominium fecerat ; rogans ut pedem muli incloati manibus con- « treclaret cum que se libenter ad muli pedes inclinaret, abstracto « burgensis gladio qui *misericordia* vocatur crudeliter militi infixit. « Patrato scelere equum ascendens fugam paravit veniens que in terri- « torio Rutenensi caseum ad cibum petiit. Mirantibus cœteris eo quod « esset quadragesima dies dixise referunt : *Quantum pejora* his patra- « vi? Contristatus ultra modum Vicecomes Lemovicensis Ademarus per « diversas provincias misit quoadusque apud Conchas, judicatus ac « devictus. Duello quippe superatus est a milite quodam de Brageyriac « (Bergerac) qui dictus est cognomen Petrus Vilota. Itaque Petrus Vivota « victus est a Petro Vilota. Ductus est traditor apud Petragoras ac de die « in diem amaritudine animæ spiritum exhalavit, membris abscissis. » (*Chronicon Gaufredi Vosiensis.* — Geoffroi du Vigeois, auteur de cette chronique, vivait encore en 1180.)

« d'argent et pauvre de raison, passe à son « doigt l'anneau du chevalier mort, monte sur « son cheval et crie de toute sa force aux enne- « mis : « Eh bien, vous autres ! qu'est devenu « Pierre, votre chef ?... » — Ce qu'ayant entendu « les citoyens, ils déplorent la perte de ce per- « sonnage illustre ;..... tant il y a que plusieurs « années après, le fils du mort, nommé Pierre « comme son père, ayant atteint l'âge de raison, « tua à son tour ledit Pierre Vivotte, meurtrier « de son père. — Après une guerre prolongée, « les héritiers des deux parties, Pierre de Péri- « guors et Pierre Vivotte fils du bourgeois assas- « siné, finirent par s'accomoder. *Le chevalier fit* « *hommage au roturier* (*fecit miles rustico homi-* « *nium*), lui offrit des présens, tint son enfant sur « les fonds de baptême ; il ne parvint cependant « pas à l'appaiser, et un jour, cédant aux sug- « gestions du diable, ennemi de la concorde, *le* « *vassal appela le seigneur* qui, par amour de la « pàix, avait *consenti à lui faire hommage*, et le « pria de tenir le pied de sa mule que l'on fer- « rait. Pendant que le chevalier se prêtait vo- « lontiers à cet office, le bourgeois, tirant un de « ces couteaux qu'on appelle *miséricorde*, le lui « plongea cruellement dans le cœur, sauta sur

« son cheval et s'enfuit. Parvenu à quelque dis-
« tance, il s'arrêta pour déjeuner, et se fit ap-
« porter un fromage; ce que voyant plusieurs
« personnes présentes, elles s'en étonnèrent
« grandement, attendu que c'était un jour de
« jeûne. « Hélas, leur dit Pierre Vivotte, j'ai
« fait bien pire que de rompre le jeûne! » Le
« vicomte de Limoges, fort affligé de ce qui
« était arrivé, envoya de tous côtés courir après
« le fugitif; il fut arrêté, et conduit à Conques
« (*monastère de Conques, sur le territoire du dépar-*
« *tement actuel de l'Aveyron*), admis au combat
« singulier, et vaincu par un chevalier de Ber-
« gerac, appelé *Pierre Villotte*. Ainsi, Pierre *Vi-*
« *votte* fut vaincu par Pierre Villotte, etc. »

Si, de l'ordre de la noblesse, on passe à celui de la bourgeoisie, pour observer avec un peu d'attention la constitution d'une ville au moyen-âge, les principes de son gouvernement intérieur, l'état politique de ses habitans, on sera frappé à chaque pas de la prépondérance de l'élément démocratique dans les lois, dans les mœurs, partout. — C'est une étude curieuse et instructive, qui pourrait prêter matière à de gros volumes, et que nous ne prétendons pas faire ici d'une manière complète. Essayons toutefois d'en donner une idée, en retraçant avec quelques détails l'histoire d'une individualité municipale, depuis son origine jusqu'à sa fin ; on verra si la démocratie est d'institution récente dans le gouvernement de notre pays, et si, bien long-temps avant la révolution de 1789, elle n'avait pas droit de cité dans la société française.

. . . .

La petite ville de Périgueux offre peut-être plus de facilités qu'aucune autre pour cette étude, parce que de nombreux documens conservés dans ses archives, et réunis à l'occasion d'un procès qu'elle eut à soutenir, constatent bien clairement l'état civique, et les droits politiques de ses habitans. Son histoire est, en outre, d'autant plus curieuse, qu'elle présente un exemple assez rare, en France, d'un petit état resté en *pleine jouissance* de l'égalité absolue, de la *démocratie pure*, sans aucun des tempéramens que lui apportaient ailleurs les institutions hiérarchiques du régime féodal. Sur ce petit théâtre, on peut voir fonctionner en pleine liberté le principe démocratique, maître à peu près absolu du gouvernement, et juger des bienfaits que ce principe est en mesure de répandre sur la société, qui met en lui sa confiance : guerre constante avec ses voisins, divisions et luttes continuelles à l'intérieur, agitations, désordre, anarchie !... Voilà ce qui accompagne le jeu de ces institutions franchement démocratiques, déjà et depuis long-temps vues à l'œuvre, quoi qu'on en dise. Ce sont bien les mêmes cependant que l'on s'efforce de nous rendre et de nous faire goûter aujourd'hui, sous l'invocation du principe de la *fraternité universelle* !... Nous allons parcourir, pour le prouver, les documens conservés dans les archives de la maison de ville, et en tirer une courte notice sur ce petit état dont l'histoire, si nous ne nous trompons, présente plus d'un rapport avec celle de nos dernières années.

NOTICE HISTORIQUE

SUR

LA VILLE DE PÉRIGUEUX.

De nos jours, modeste chef-lieu d'un département de troisième classe, Périgueux obtient à peine l'honneur d'un signalement de quelques lignes dans l'*Almanach national*, et ne compte guère plus de douze mille habitans. Cette ville a eu long-temps plus d'importance ; sa première origine se perd dans la nuit des temps ; elle était classée comme cité (1) avant l'invasion ro-

(1) « Cette qualification de cité n'était pas un vain titre. Les Gaulois en « furent toujours si jaloux qu'ils ne la conférèrent jamais aux villes bâties « chez eux par des étrangers, quelque importance qu'elles eussent acqui- « se, quelque puissantes qu'elles fussent devenues. »

TAILLEFER, *Antiquités de Vésone*.

maine, contre laquelle elle se défendit avec persévérance. Immédiatement après la conquête, une colonie romaine y fut vraisemblablement établie; elle devint peu à peu très considérable; son territoire n'était séparé de celui de Toulouse que par la rivière du Tarn. Les débris que l'on admire encore aujourd'hui de ses temples et de ses somptueux édifices attestent sa puissance et sa richesse. Sous le règne d'Honorius, elle était au nombre des principaux municipes des Gaules.

Après la chute de l'empire et de la civilisation romaine, pendant cette triste époque d'anarchie qui précéda la formation d'un gouvernement régulier, Vésone, c'est l'ancien nom de Périgueux, conserva plus précieusement que n'avaient fait les autres municipes romains dans les Gaules, toutes les traditions d'un gouvernement organisé (1). Elle sut se défendre contre la

(1) « Une des cités qui, depuis l'invasion barbare, conservèrent le régime municipal romain dans sa forme la plus complète, c'est Périgueux. Eh bien, on ne rencontre aucun document de quelque étendue sur la constitution de la ville de Périgueux, aucune charte qui règle ou modifie son organisation intérieure, les droits de ses magistrats, ses rapports avec son seigneur et ses voisins. Cette organisation était un fait; un débris de l'ancienne municipalité romaine. »

M. Guizot, *Histoire de la civilisation en France.*

dissolution sociale, conséquence trop ordinaire de la chute des pouvoirs politiques ; la municipalité resta constituée, maîtresse d'elle-même et de son territoire ; l'établissement du système féodal, la trouva en pleine possession de sa propre souveraineté, n'obéissant à aucun seigneur ; à l'avènement de Hugues-Capet, elle avait sauvegardé sa liberté civile en respectant les liens de dépendance politique et de soumission immédiate qui la rattachaient directement à la couronne. Ainsi, le commencement de cet état libre, et à peu près indépendant, n'a point sa date précise et certaine dans la concession de lettres de bourgeoisie ou d'une charte de commune, qui aurait été accordée par le roi, à Périgueux comme à la plupart des villes de France ; celle-ci n'a pas eu besoin de titres nouveaux pour recouvrer ce qu'elle ne s'était jamais laissé enlever ; pour être rappelée par un affranchissement à la liberté qu'elle n'avait jamais perdue ; ou soustraite par la protection du souverain à une tyrannie qu'elle n'avait jamais subie. « Elle « consent, disait en son nom un avocat chargé de soutenir pour elle un procès qui se plaidait encore à la révolution française, elle con- « sent à perdre son état si l'on peut justifier d'un

« titre qui le lui ait jamais donné. » — Cette prétention de ne devoir à personne l'indépendance réelle dont ils jouissaient fut toujours soutenue par les citoyens de Périgueux avec presqu'autant d'orgueil, et défendue avec presqu'autant d'énergie que le fait même de cette indépendance. — On le voit, la répugnance pour les *chartes octroyées* n'est pas un sentiment exclusivement naturel à la délicatesse des temps modernes.

A la fin du douzième siècle, et au commencement du treizième, la vieille Cité de Périgueux était donc un corps national, une *confrérie* (*confratria*), le mot se retrouve souvent dans les actes de cette époque, comme sur nos drapeaux d'aujourd'hui. Les trois ordres y étaient représentés, le clergé, les chevaliers, les simples citoyens, mais tous jouissaient des mêmes droits politiques, prêtaient également serment à la constitution, se gouvernaient par leurs propres lois, tous étaient propriétaires et seigneurs par indivis de leur ville et de son territoire.

A une très petite distance de la Cité, sur une colline appelée le *Puy-Saint-Front*, s'étaient groupées autour d'un monastère plusieurs petites maisons bâties sur des terrains dont les religieux étaient propriétaires. Peu à peu, une ville nouvelle s'y forma; elle fut détruite par un incendie, rebâtie avec le concours des habitans de la Cité, s'augmenta, et était devenue, à la fin du XIIe siècle, assez considérable pour avoir son administration particulière séparée de celle de la Cité. — Cette ville nouvelle, s'élevant à côté d'une ville antique, d'un gouvernement *de traditions*, et qui fonctionnait depuis des siècles, était naturellement un foyer ardent de démocratie; la démocratie est de sa nature jalouse et envahissante; peu à peu des luttes sanglantes éclatèrent entre les deux populations; le comte de Périgord, allié tantôt à l'une tantôt à l'autre, entretenait leurs divisions et cherchait à les dominer toutes deux. Epuisées enfin par une lutte dont l'histoire prouve la barbarie de cette époque, ville et cité firent la paix en 1240, et passèrent entre elles un traité d'union et d'incorporation dont le texte a été conservé :

« Le chapitre de Saint-Etienne et tous les « clercs, chevaliers, damoiseaux et autres laïcs de « la Cité de Périgueux, d'une part; les consuls et

« bourgeois de la communauté du Puy-St-Front « de Périgueux, d'autre part;... nous déclarons « et notifions à tous ceux qu'il appartiendra que « voulant procurer l'utilité et l'avantage publics, « nous avons fait et contracté alliance en la ma- « nière qui suit : Savoir que nous nous remet- « tons et nous pardonnons mutuellement en gé- « néral et en particulier tout sujet de haine, « vengeance ou altercation;... nous avons sta- « tué que de nous et de nos successeurs, il sera « fait un corps composé de l'universalité des ci- « toyens de la ville et de la Cité, lequel corps sera « gouverné suivant les coutumes anciennes de « la ville du Puy-Saint-Front, qui seront exac- « tement observées ; de telle sorte qu'on élira, « pour le gouvernement de ladite communauté « (*universitatis*), de l'avis et du consentement de « tous, un maire et des consuls, ou des con- « suls seulement, auxquels cette même com- « munauté obéira, et qui seront chargés de « pourvoir à l'administration de la chose publi- « que. Tous les membres de la communauté qui « auront atteint l'âge de quinze ans seront te- « nus de promettre et jurer soumission et obéis- « sance auxdits maire et consuls;....., et si « quelqu'un de la Cité refuse de se soumettre

« et d'obéir auxdits maire et consuls, il ne « sera pas regardé comme membre de la com- « munauté. »

.... Suivent différens règlemens organiques, constitution politique et administrative de cette société : « Si quelqu'un des citoyens possède une « maison forte ou quelqu'autre édifice qui le « mette dans le cas d'inspirer au consulat quel- « que méfiance pour le maintien de la tran- « quillité publique, et qu'il ne veuille ou ne « puisse, à la requête du consulat, prendre les « mesures convenables, donner les garanties « nécessaires, le consulat s'emparera de la mai- « son ou forteresse, et la gardera aux dépens « de celui auquel elle appartiendra ; et, si ce « dernier refuse de fournir aux dépenses néces- « saires, cette maison ou forteresse sera rasée « au niveau des murs d'enceinte ; une porte « sera ouverte du côte de la Cité, suivant que « le consulat le jugera à propos... L'armée de « la communauté marchera et sera conduite se- « lon la volonté et la disposition du consulat... « S'il arrive quelque nouvelle circonstance qui « intéresse la communauté, c'est au consulat à « y pourvoir ; tout ce qu'il aura arrangé et dis-

« posé formera une obligation indispensable « pour tous les citoyens ; nous voulons et enten- « dons que toutes les choses réglées et arrêtées « ci-dessus soient stables et durables à jamais, « sans entendre préjudicier à la souveraineté du « *roi des Français*, auquel nous faisons profes- « sion d'être soumis et attachés ;... nous, cha- « noines et ecclésiastiques, chevaliers, damoi- « seaux et simples citoyens de ladite Cité, et « nous consuls et communauté de ladite ville « du Puy-Saint-Front, nous sommes respective- « ment promis par serment d'observer à jamais, « et de point en point, toutes les clauses et con- « ditions susdites, que nous regarderons comme « sacrées et inviolables. Fait et passé l'an du « Seigneur mille deux cent quarante, au mois « de septembre. »

Tels étaient les principaux articles de cette constitution, qui ne laissera rien à désirer sans doute aux partisans les plus exigeans de la démocratie! Ne contient-elle pas, en effet, non seulement en germe, mais à un degré de développement et de perfection aussi satisfaisant que possible, toutes les dispositions que des constitutions plus récentes ont successivement présentées comme les découvertes et les conquêtes de la civilisation moderne? Suffrage universel (un maire et des consuls élus en commun, du consentement de tous); — droits politiques reconnus à tous; — rapports directs établis entre le citoyen et le gouvernement par un système électoral exclusivement populaire, et par le serment individuellement prêté; — reconnaissance de ce principe fort peu libéral, mais essentiellement démocratique, de la soumission du droit de chacun à l'intérêt de tous; — lois des suspects, (si quelqu'un refuse de donner les garanties nécessaires, sa maison sera rasée), etc., etc. Ce n'est pas ici le lieu de discuter en théorie chacune de ces maximes de gouvernement; ce que nous tenons seulement à bien établir, c'est que c'était sur ces bases qu'était constituée la société au XIIIe siècle.

. . . .

Le traité n'obtint pas immédiatement, pour le rétablissement de la tranquillité publique et de la bonne harmonie entre la ville et la Cité, toute l'efficacité désirable. La ville, bien que d'origine plus récente, avait en quelque sorte absorbé la Cité ; elle s'était fait attribuer le siége du gouvernement commun et une sorte de suprématie politique. Le comte de Périgord, dont cette union gênait les projets, mit tout en usage pour en arrêter les effets ; il commença par se raccomoder avec l'évêque et le chapitre, entretint la jalousie de la Cité, lui persuada qu'elle n'avait pas obtenu sa part légitime d'influence dans l'administration commune ; il lui offrit son secours contre le Puy-Saint-Front ; grâce à lui, les esprits s'aigrirent et la guerre recommença. Le récit des excès et des barbaries qui s'y commirent, n'offrirait rien qui pût la distinguer des autres guerres de cette époque barbare. Elle dura jusqu'en 1247. Le roi intervint alors. Le sénéchal du Périgord et plusieurs commissaires furent envoyés par saint Louis avec mission de faire cesser l'effusion du sang et de constater les violences commises par le comte. L'arbitrage royal fut accepté, le procès instruit par les commissaires; la sentence arbitrale rendue à Paris au mois de septembre 1247, désigna le comte comme fauteur et instigateur des troubles. Une partie de ses biens fut confisquée, pour le revenu en être employé à l'entretien et à la nourriture des veuves et orphelins du Puy-Saint-Front, tués depuis le commencement de la guerre.

Un peu plus tard, une nouvelle guerre entre la ville et la Cité donne lieu à une autre sentence arbitrale, rendue par l'évêque de Périgueux, et qui mérite d'être citée toute entière :

« Pierre, par la grâce de Dieu, évêque de « Périgueux, et Hélie de Valbec, damoiseau, « maire de Périgueux, à tous ceux qui ces pré- « sentes lettres verront, salut dans le Seigneur. « Jadis, entre nos chers fils les citoyens de Pé- « rigueux et les bourgeois du Puy-Saint-Front, « est intervenu, par la médiation d'hommes ho- « norables, sous certaines promesses et condi- « tions, un traité d'union qui devait mettre fin « à de longues et déplorables querelles. Aux « termes de ce traité, les deux villes devaient « former à l'avenir une communauté, régie par « un maire et des consuls, élus d'un commun « accord, conformément aux dispositions conve- « nues à ce sujet. Cependant l'esprit de discorde, « ce grand et perpétuel ennemi du genre hu- « main, ne tarda pas à troubler cette heureuse « paix, qui fut malheureusement rompue ; et la

« publique joie qui l'avait accueillie fut bientôt « changée en larmes. Quand enfin notre divin « Sauveur, qui ne veut pas que personne pé« risse, mais que tous parviennent heureuse« ment à l'amour salutaire de la paix et de la « vérité, qui, pour réconcilier Dieu et les hom« mes, est descendu du ciel en terre, pénétra de « sa grâce le cœur des citoyens et des bourgeois « précités, lesquels ont promis, par serment « prêté sur les saints évangiles, de recevoir et « accepter avec docilité tout ce que nous déci« derions pour le rétablissement de la paix, de « concert avec deux citoyens et deux bourgeois « librement désignés par nous, s'engageant « pour eux et leurs héritiers à observer fidèle« ment ces décisions, et se soumettant d'avance « à une amende de dix mille sous, dans le cas « où ils viendraient à y contrevenir en quoi que « ce soit... En conséquence, nous, la grâce du « Saint-Esprit invoquée, et après avoir pris l'avis « des hommes sages, rendons ainsi notre sen« tence ; C'est à savoir, qu'à perpétuité les ci« toyens et bourgeois précités forment un seul « *corps* ou *collége*, une communauté compacte, « régie, ainsi qu'il a été dit plus haut, par un « maire et des consuls à élire en commun ; or-

« donnons que ni les citoyens sans les bour-
« geois, ni les bourgeois sans les citoyens ne
« pourront entreprendre ou soutenir guerre
« quelconque, ou enrôler des soldats pour ce
« faire; si quelqu'un ou quelques-uns de la
« ville a porté préjudice, de quelque manière
« que ce soit, à un habitant de la Cité, ou ré-
« ciproquement un citoyen à un bourgeois, les
« compatriotes de la partie lésée n'entrepren-
« dront rien pour se venger de l'injure reçue,
« ou du préjudice apporté. Mais le maire et les
« consuls, après avoir requis le concours et
« l'assistance de la population à laquelle ap-
« partient l'offenseur, procéderont à la punition
« du coupable et à la réparation du dommage,
« ainsi qu'il appartiendra....... Nul n'osera dé-
« sormais ni se vanter du mal qu'il a pu faire,
« ni se plaindre de celui qu'il a pu souffrir pen-
« dant le temps des dernières guerres; nul ne
« profèrera ni menaces, ni reproches, sous
« peine d'une amende au jugement du maire et
« des consuls. — Que sert, en effet, la paix et la
« tranquillité matérielle, si elle n'est entretenue
« par la bienveillance réciproque et l'union
« des esprits...? Nous voulons et commandons,
« en conséquence, que tous, bourgeois et ci-

« toyens, citoyens et bourgeois, pour eux et « leurs héritiers, abandonnent toute haine et « rancune, se pardonnant réciproquement in-« jures reçues et dommages soufferts, pour l'a-« mour de N. S. Jésus-Christ, qui a pardonné « sa propre mort à ceux qui feraient pénitence. « Et nous ordonnons que les *citoyens*, lesquels « ont causé à leurs adversaires plus de mal « qu'eux-mêmes n'en ont reçu, se rendront « humblement, nus, en chemise, sans souliers, « conduits par nous, à la maison du maire et « des consuls, et là, à genoux et les mains « jointes, demanderont et requerreront le par-« don des bourgeois, lesquels accueilleront, « avec miséricorde, ces humbles prières aux-« quelles nous joindrons les nôtres, et accorde-« ront sans difficultés toutes les demandes. La-« quelle sentence arbitrale a été par nous « promulguée, et spontanément reçue par les « parties. Les pardon et rémission ont été de-« mandés et obtenus dans la forme précitée; et « le baiser de paix a été donné devant la mai-« son des prédicateurs, en présence du chapitre « de Périgueux, des frères prédicateurs et mi-« neurs, et d'une population nombreuse, tant « de la ville qu'étrangère. Et de peur que par la

« suite des temps lesdites choses puissent être « révoquées en doute, nous, évêque sus- « nommé, avons fait apposer notre sceau sur « les présentes lettres. Fait le huit de mars de « l'an de grâce mil deux cent cinquante. »

Cet échantillon du style de chancellerie, usité au XIIIe siècle, pourra faire sourire, peut-être, aussi bien que les stipulations d'une pareille sentence ; décréter le pardon des injures, après avoir envoyé une population toute entière en corps, — et en chemise, — présenter ses excuses à une population voisine, convoquée pour les recevoir, voilà qui serait, assurément, chose peu pratique aujourd'hui. Et cependant, ce n'est pas là une fable faite à plaisir, mais un fait historique d'une incontestable authenticité. Après tout, qu'a-t-il qui nous doive étonner?... Quel plus édifiant exemple du mécanisme démocratique fonctionnant dans sa simplicité primitive, que ces deux masses d'hommes, de citoyens, marchant avec tout l'ensemble des chœurs antiques dans une tragédie grecque, l'une demandant humblement, l'autre accordant généreusement merci!... Certes, on peut admirer ici deux peuples faisant eux-mêmes leurs affaires; — point de pouvoirs délégués, de société personnifiée dans son chef; pas la moindre apparence de fictions constitutionnelles ou monarchiques!.. C'est l'expression la plus pure de la *réalité dans le gouvernement*, en d'autres termes, de la démocratie. — Quant à ces touchantes exhortations à la concorde, à la paix, à la charité de tous pour tous; quant à cette invocation de toutes les vertus chrétiennes, qui sont aussi les vertus sociales de tous les temps et de tous les pays, si la séparation légale du spirituel et du temporel ne permettrait plus aujourd'hui de leur laisser place dans un document officiel, ce n'est pas quelque chose dont nous ayons à tirer vanité; il n'y a certainement rien dans cette différence dont nous puissions faire honneur à nos mœurs politiques. Bien venu serait celui qui pourrait parler au peuple un pareil langage avec chance de se faire écouter!...

. . . .

En **1250**, la généreuse et pacifique intervention du chef spirituel dans les luttes politiques, était plus efficace qu'elle ne le serait aujourd'hui; plus, hélas! qu'elle ne l'a été dans de récentes et douloureuses circonstances. Celle de l'évêque de Périgueux eut cette fois un salutaire effet. Depuis la paix conclue sous ses auspices, le traité d'union devint la loi fondamentale ; ces deux anciennes corporations ne formèrent plus qu'un seul et même corps politique, administré par des règles communes, jouissant des mêmes droits, obéissant aux mêmes magistrats.

Cependant la paix publique n'y gagna pas grand chose. Rarement la tranquillité matérielle est la condition d'un état social où la démocratie domine. Puisse le nouvel essai qu'on en veut faire démentir sur ce point l'expérience des siècles passés !... A peine la réunion de la ville et de la Cité fut-elle accomplie, et la nouvelle communauté constituée, qu'elle eut à soutenir une guerre acharnée contre les comtes de Périgord. Après quelques années de séquestre, saint Louis leur avait rendu la jouissance de leurs revenus ; et chaque jour amenait de nouveaux sujets de conflits entre ces deux puissances voisines et indépendantes. En **1260**, c'était Archambaud, qui réclamait le droit de faire battre la monnaie dans la ville du Puy-

Saint-Front. L'archidiacre de Périgueux et l'abbé de Saint-Astier intervinrent et firent agréer un compromis en 1266. — Un peu plus tard, c'est la ville à son tour qui refuse au comte tout droit de surveillance et d'inspection sur la fabrication de cette monnaie; les pièces qu'on nommait *périgourdins*, ayant cours dans le reste de la province qui reconnaissait le comte pour seigneur, il était naturel que celui-ci prétendit en connaître; ce fut encore l'occasion d'une guerre longue et sanglante. En 1276, la forme et le titre des périgourdins furent déterminés par un traité; on accorda que le comte pourrait nommer deux prudhommes, habitans du Puy-Saint-Front, qui, joints au conseil nommé par les consuls à cet effet, garderaient bien et loyalement la monnaie...

A peine la guerre était appaisée sur ce point, qu'elle recommença avec plus d'acharnement sur un autre. Les petits-fils de cet Hélie de Talleyrand, dont saint Louis avait un moment séquestré, puis rendu les biens, renouvelèrent les tentatives déjà faites par leurs prédécesseurs, pour absorber un petit état dont le voisinage était si incommode. Ils firent valoir les prétendus droits de leur famille sur la souveraineté de Périgueux, et réclamèrent : l'exercice de toute juridiction et justice temporelle dans la ville et les faubourgs ; le droit de confisquer les biens des coupables en cas d'homicide ; celui de fournir et réglementer les poids et mesures ; de convoquer l'armée dans la ville et les faubourgs, et de la commander en campagne ; (cette armée municipale se composait de recrues levées et équipées aux frais des bourgeois, et en raison de leurs fortunes respectives ;) les comtes de Périgord prétendaient en outre le droit de nommer et de surveiller les crieurs publics, chargés des proclamations qui se faisaient dans la ville ; de recevoir chaque année le serment des habitans de la ville et des faubourgs ;... enfin toutes les prérogatives de la puissance publique, judiciaire, administrative et militaire.

Cette fois, ce n'était plus par la violence que le comte voulait procéder. Il présenta une requête au roi Philippe-le-Bel, offrant de faire la preuve par le témoignage des anciens du pays, que tous les droits par lui réclamés aujourd'hui avaient jadis été exercés par ses ancêtres, légitimes seigneurs de Périgueux comme de toute la province. On fit droit à sa demande ; une enquête fut ordonnée, et comme les témoins à produire étaient fort âgés, on envoya immédiatement sur les lieux des officiers royaux chargés de les entendre et de constater les faits. Cette forme de procédure, qui a évidemment donné naissance à notre institution moderne du jury, était fort habituelle alors ; et elle répondait en effet mieux que toute autre à une société encore dans l'enfance, où la *question de droit* se confond presque toujours avec la *question de fait.* — De nos jours, dans une cause pareille, le fait de la possession antérieure importerait assurément fort peu ; c'est la légitimité de la possession qu'il faudrait plaider et justifier. L'autorité des précédens est nulle ou suspecte aujourd'hui ; elle avait autrefois une valeur immense, et suffisait à elle seule pour créer des droits. De même que dans l'église catholique, toute *nouveauté* était et est encore signalée comme une erreur, de même à l'origine de nos sociétés civiles, dont le christianisme a posé en quelque sorte la première pierre, l'opinion publique, d'après le même principe, signalait toute usurpation comme une injustice. Réformer l'état quand il était jeune, c'était recueillir les traditions, et revenir aux anciens usages. Maintenant qu'il est vieux, la réforme, c'est l'essai des combinaisons le plus éloignées possible de l'état réformé.

Cités devant les commissaires, le maire et les consuls, au nom de la ville, refusèrent de laisser mettre en question ce qu'ils regardaient comme leur droit imprescriptible, et firent défaut. On procéda en leur absence à l'interrogatoire des témoins. Vingt-six furent entendus, et déposèrent successivement des faits à leur connaissance, sur toutes les questions, au nombre de dix-neuf, que l'enquête avait pour but d'éclaircir. Rapportons, pour en donner une idée, l'extrait d'un de ces interrogatoires :

« ..... Reymondus de Martino, bourgeois « de la ville, deuxième témoin produit, dé- « clare, sous serment, être âgé de soixante « et douze ans passés, déclaration qui paraît « confirmée par sa physionomie et l'aspect de « sa personne. Soigneusement examiné, et in- « terrogé successivement sur chacun des arti- « cles, répond : Sur le premier et le second ne « rien savoir ; sur le troisième article, ne rien « savoir de science certaine, si ce n'est, qu'il y

« a bien soixante ans, le comte Hélie de Talley-
« rand fit juger, en la ville de Périgueux, et dans
« la rue (1) des Farges, au lieu appelé la Cour
« du Comte, par ses baillis (2) et ses hommes de
« loi, en vertu de son autorité de comte, un in-
« dividu appelé de Bruclh, pour certain délit
« qu'il avait commis; du reste, le témoin ne se
« rappelle ni pour quel délit, ni où ce délit au-
« rait été commis, ni à quelle peine aurait été
« condamné l'accusé. Interrogé sur l'article 5,
« (*droit de connaître de toute violence exercée*
« *par un homme contre un autre, du fait d'avoir*
« *tiré l'épée hors du fourreau ou fait usage, dans*
« *un but de violence, d'un instrument de fer quel-*
« *conque, et de percevoir contre le délinquant, soit*
« *que des coups aient ou non été portés, une amende*
« *de soixante-cinq sous et un denier*), le témoin
« déclare qu'il ne sait rien pour l'avoir vu ou
« entendu, mais qu'il croit bien que les droits
« prétendus dans cet article sont fondés, et que
« le comte en était en jouissance et en posses-
« sion. Sur l'article 6, (*droit de connaître des*
« *cas d'adultère, de faire prendre et fustiger les cou-*
« *pables, et de les faire courir nus par la ville*, ou

(1) Carreria.

(2) Bajulos, et allocatos.

« *de percevoir, sur chaque personne surprise en* « *adultère, soixante-cinq sous et un denier; l'une* « *ou l'autre peine pouvant être infligée à son* « *choix*), le témoin répond qu'il croit, pour « l'avoir entendu dire communément et publi- « quement, que le contenu de cet article est vé- « ritable, et que la connaissance de ces faits « appartenait au comte; il dit se rappeler qu'il « y a bien soixante ans, un oncle ou parent de « lui, témoin, tenant un jour dans sa maison « une certaine femme adultère, nommée La- « piga, ledit seigneur Hélie de Talleyrand se « rendit à la maison dudit oncle ou parent du « témoin; et comme ledit comte frappait à la « porte, et voulait se saisir des coupables, afin « de les punir, le maître de la maison se mit à « la fenêtre, et lui dit: Seigneur comte, vous « n'entrerez pas. Puis il ajouta, parlant à quel- « qu'un de *sa famille* : Va, et porte-lui soixante- « cinq sols; c'est tout ce qu'il peut prétendre, « car pour le délit d'adultère, je ne suis pas « tenu à davantage. — Interrogé soigneusement « sur tous les autres articles, il répond ne rien « savoir certainement, si ce n'est qu'il a vu, un « jour, le seigneur comte Hélie convoquer, dans « l'église de Saint-Front, plusieurs paysans ap-

« pelés *les Chaulans*, et vouloir se faire prêter, « par eux, serment de fidélité; et comme il l'a- « vait déjà reçu de deux ou trois d'entre eux, le « bruit de ce qui se passait se répandit dans la « ville; plusieurs consuls et bourgeois accouru- « rent, et l'un d'eux, frappant de la main le li- « vre des évangiles sur lequel le comte se faisait « prêter serment, le fit tomber par terre. En « même temps on cria de tous côtés aux armes. « La population se souleva toute entière; dans « cette sédition, le comte Hélie courut grand « danger de mort; il ne fut point passé outre à « la réception du serment..., etc. »

Le jugement rendu à la suite de cette enquête n'a pas été conservé ; mais de nombreux documens prouvent que la ville resta en possession de tous les droits contestés.

Repoussé par les armes, condamné par la justice, le comte de Périgord, sans perdre courage, essaya la voie des négociations. Il avait obtenu du roi Jean l'autorisation d'établir dans la ville du Puy-Saint-Front un juge d'appel auquel ressortiraient les sentences de ses officiers; il avait également obtenu la cession du droit de *commun de paix.* — On appelait ainsi l'imposition établie pour l'entretien des troupes destinées à faire garder la trève de Dieu. — C'étaient là des droits royaux qu'il s'était fait concéder; il imagina de faire accepter, bon gré, mal gré, au maire et aux consuls, la rétrocession ou l'inféodation qu'il prétendait aujourd'hui leur faire de ces mêmes droits. Pour la ville de Périgueux, c'était abdiquer son état souverain si long-temps défendu, et consentir à relever *d'un seigneur*, au lieu de relever directement du roi, que le comte, dans cette circonstance, était parvenu à rendre en quelque sorte complice de ses projets d'usurpation. Comme il s'était appuyé autrefois, tantôt sur la ville contre la Cité, tantôt sur la Cité contre la ville, il s'appuyait maintenant sur la prérogative royale pour justifier ses nouvelles entreprises contre l'indépendance de la communauté. Outre le consentement du maire et des consuls à cette singulière proposition, le comte exigeait encore que ses armes fussent mises avec celles de la ville dans les pannonceaux qui annonçaient la juridiction; que les proclamations se fissent en même temps en son nom, et au nom du magistrat; enfin qu'on lui reconnût le droit de nommer un juge devant lequel seraient portés les appels des sentences rendues par le magistrat.

Un pareil traité, qui aliénait une partie de la souveraineté populaire, n'était pas de nature à être accepté par le pouvoir exécutif de la communauté, sans le consentement formel et bien constaté de tous. La délibération à laquelle il donna lieu mérite d'être rapportée, parce qu'elle justifie nos assertions sur les conditions démocratiques du gouvernement :

« L'an du seigneur 1353, le jour du vendredi « avant la fête de Saint-Jean-Baptiste, dans la « maison appelée de Péron, à Périgueux, ré- « gnant le très sérénissime prince, le seigneur « Jean, roi des Français, à l'heure de prime, en « présence de moi, notaire, et des témoins sous- « signés, bourgeois et habitans de ladite ville « de Périgueux, spécialement appelés et convo- « qués, — le maire et les consuls, prenant suc- « cessivement la parole, font connaître à l'assem- « blée qu'ils ont été informés que noble homme « le seigneur comte de Périgord, avec toutes ses « forces et puissances, et tous ses amis de l'o- « béissance des deux rois de France et d'Angle-

« terre, se propose, *à tort ou à droit* (1), d'entre-
« prendre contre la ville une guerre à outrance.
« — Lesdits maire et consuls ont reçu à cet
« égard des renseignemens précis et détaillés
« de plusieurs personnes notables et dignes de
« foi, amies de la ville, désireuses de la servir,
» en lui donnant les moyens d'échapper aux pé-
« rils qui la menacent ; ils savent, de science
« certaine, que le comte est prêt à perdre et
« ruiner par le feu ou tout autre moyen en son
« pouvoir, les blés, vins, ou autres propriétés
« des habitans ; qu'il a même déjà commencé à
« fortifier et munir de gens d'armes les églises
« de Champcevinel (2) de Trélissac et autres
« lieux environnans, et à réparer d'une manière
« formidable toutes ses places ; de telle sorte qu'il
« sera bientôt, s'il n'est déjà en mesure de faire
« à la ville un mal irréparable. D'un autre côté,
« le gouvernement de la ville se trouve en ce
« moment faible et désarmé contre cette grande
« puissance du comte de Périgord, appuyée sur
« ses nombreux alliés de l'obéissance des deux
« rois, en présence surtout des séditions qui

(1) Volebat et proponere intendebat jure vel injuria guerram ad ignem et sanguinem facere....., etc.

(2) Camposaumelli.

« éclatent à chaque instant dans ces temps de « malheur (1), — au moment où les récoltes « d'été sont prochaines, et où les travaux de « la vigne sont urgens. Dans ces circonstances, « les forces des ennemis étant préparées et réu- « nies, une guerre désastreuse aurait déjà com- « mencé par la mort ou la ruine de plusieurs, « si le maire et les consuls, au nom de la com- « munauté, n'avaient consenti à entrer en né- « gociation avec ledit comte ou ses fondés de « pouvoir, et à subir, entre autres conditions, le « traité suivant qu'ils ont promis de travailler « à faire ratifier : C'est à savoir que lesdits « seigneurs, maire et consuls, et la communauté, « rachèteront à perpétuité, aux meilleures con- « ditions possibles, le commun que notre dit « seigneur le roi avait coutume de lever dans la « ville et dans ses faubourgs, — lequel commun « est aujourd'hui devenu la propriété du comte, « par suite d'un arrangement intervenu entre « ledit comte et notre seigneur *le roi*... — « ..... Les proclamations à faire dans la ville, « le seront au nom du seigneur comte et des « seigneurs, maire et consuls simultanément ; « dans les pannonceaux de la ville, les armes

(1) Diebus malis quibus seditiones infinitæ vigebant.

« du seigneur comte seront placées côte à côte « avec celles de la ville; le comte connaîtra en « appel des jugemens rendus par la cour de la « communauté, et par les maire et consuls; il « établira un juge d'appel à cet effet, sous toute « réserve, bien entendu, des droits de notre « souverain seigneur le roi de France. — En « présence de telles exigences, le maire et les « consuls ne peuvent évidemment se croire « autorisés à traiter, et ils ont refusé de conclure « avec ledit seigneur comte ou ses fondés de « pouvoir sur les bases qui viennent d'être « énoncées, avant d'avoir provoqué une délibé- « ration préalable des bourgeois et habitans de « la ville, et avant qu'un consentement exprès « soit intervenu de leur part. A cette fin, lesdits « maire et consuls ont fait mander et convoquer « au lieu, jour et heure déterminé, les bour- « geois et habitans ici présens et comparant, « ainsi que plusieurs autres de la ville et des « faubourgs qui se sont abstenus de comparaî- « tre, bien qu'ils aient tous été régulièrement « convoqués ; les requérant tous, et chacun « d'eux en particulier, de donner l'un après « l'autre leur avis sur les propositions dont il « vient de leur être rendu compte, suivant ce

« qui leur paraîtra sage, bon et utile touchant « la conclusion ou le refus du traité projeté. « Pierre Brunet, Guillaume Séguin, Pierre de « Madure..., etc., ont opiné contre la conclusion « et déclaré qu'ils refusaient leur assentiment; « néanmoins les autres bourgeois et habitans « présens, interrogés individuellement, après « avoir mûrement pesé et apprécié les explica- « tions données par le maire et les consuls, pé- « nétrés des dangers évidens, irréparables, que « la continuation de la guerre pourrait faire cou- « rir à leur ville, ont voulu, ordonné, concédé « et consenti que le traité précité fût conclu « avec le comte ou ses fondés de pouvoir; qu'il « reçût son plein et entier effet, sous la réserve « toutefois, et avec la condition expresse que « des clauses de ce traité il ne résultera pour le « comte ni pour ses successeurs aucun autre « droit et prérogative que celles spécialement « énoncées, mais qu'au contraire tous autres « priviléges, franchises et libertés de la com- « munauté seront maintenus et positivement « énoncés dans la nouvelle convention à con- « clure. De tout ce qui précède, le maire et les « consuls ont demandé acte, pour couvrir leur « responsabilité..., etc. »

Il serait difficile assurément de trouver de nos jours un exemple plus frappant de l'exercice plein et entier de la souveraineté du peuple; un pouvoir exécutif élu, reculant devant la responsabilité que de graves circonstances lui imposent, convoquant une assemblée primaire, et allant aux voix en place publique sur une question de paix ou de guerre immédiate, voilà sans doute ce que l'on citerait aujourd'hui comme le beau idéal d'un gouvernement démocratique, et voilà pourtant, d'après des documens bien authentiques, ce qui se pratiquait en l'an de grâce 1353, dans une petite ville du midi de la France.

Après en avoir reçu le pouvoir, le maire et les consuls s'empressèrent d'entrer en pourparlers avec le comte, afin d'en finir au plus vite, et de se débarrasser de sa redoutable armée. Ils arrêtèrent plus positivement, le 26 juin 1353, les articles préliminaires du traité, pour lequel ils promettaient d'obtenir l'approbation des trente prudhommes composant le conseil de la ville. Cette approbation fut effectivement donnée, non-seulement par les trente prudhommes, mais par un certain nombre de bourgeois et de citoyens qui se joignirent à eux. Toute formalité préalable ainsi remplie, le traité fut conclu et ratifié avec la solennité voulue, revêtu des formes authentiques exigées en pareille circonstance. — Il ne paraît pas cependant qu'il ait jamais reçu son exécution. Les événemens qui survinrent presqu'aussitôt ne permirent pas au comte de s'en prévaloir. — Plus tard, la ville, revenue d'un premier mouvement de faiblesse, recommença la lutte qu'elle soutenait déjà depuis si longtemps, et elle trouva dans son énergie les moyens d'en sortir triomphante.

Elle était alors menacée par un ennemi plus redoutable encore que le comte de Périgord. En 1326, la guerre avait commencé entre la France et l'Angleterre. La mouvance d'un château que son possesseur, le sire de Montpesat, prétendait relever du duché de Guyenne et qu'il avait défendu contre les troupes de France, avait servi de première étincelle à ce terrible incendie. Charles de Valois commandait les armées du roi en Guyenne ; il avait enlevé plusieurs places aux Anglais qui, de leur côté, menaçaient Périgueux. Les citoyens se préparèrent

à une énergique résistance ; et le maire s'occupa de mettre la place en état de soutenir un siége. — Comme il faisait avec les consuls l'inspection des murailles, ils observèrent qu'une tour, voisine de la maison d'un nommé Lambert, pouvait devenir, si les ennemis s'en emparaient, un point d'attaque dangereux pour la ville. Aussitôt ils se transportèrent chez ce citoyen, et après lui avoir rappelé, en présence d'un notaire et de plusieurs témoins dont ils s'étaient fait accompagner, que la garde des murs, tours, portes, fossés, etc., était dans leurs attributions et de leur compétence exclusive, ils lui expliquèrent paternellement : « qu'en pré-
« sence des dangers dont le voisinage du théâtre
« de la guerre menaçait la communauté, ils se
« croyaient obligés, par le devoir de leur
« charge, à prendre toutes les mesures néces-
« saires pour faciliter, en cas de besoin, la
« défense de la ville, et pour maintenir les for-
« tifications en bon état. — Or, ils ont observé,
« ajoutent-ils, précisément en face des murs
« d'enceinte, à l'endroit même où la place pré-
« sente le moins d'obtacles, une certaine tour
« dite de Buxo, qui n'est nullement fortifiée,
« d'où l'on ne pourrait arrêter un seul instant

« les ennemis du roi. En conséquence, ils jugent « nécessaire de prendre possession de ladite « tour, de la garnir de balistes, espingoles et « autres machines et munitions nécessaires ; ils « requèrent à cet effet le sieur Lambert de met- « tre à la disposition du roi et de la commu- « nauté sa maison, qui donne accès dans ladite « tour, et d'en livrer immédiatement les clefs, « afin qu'on puisse procéder sans délai aux « travaux de fortification convenables. A quoi « le propriétaire répond qu'il n'entend aucune- « ment élever la moindre objection contre le « droit de MM. le maire et les consuls ; qu'il est « disposé au contraire à leur obéir en tout, et « avec tout le respect dû à leurs personnes « comme à leur autorité, sous toute réserve ce- « pendant de ses droits ou de ceux des tiers. « Il déclare et prend acte qu'il possède bien et « légitimement ladite tour, comme sienne, et « lui ayant été transmise par ses prédécesseurs, « qui l'ont eux mêmes possédée publiquement, « tranquillement, sans contestation ni contra- « diction d'aucune sorte ; il proteste en consé- « quence contre tout empêchement non justifié « par le besoin de la défense commune, qui lui « serait apporté dans l'exercice de ses droits de

« propriété; il entend conserver, pour lui et « les siens, l'usage plein et entier de la tour « précitée, la faculté d'y entrer, d'en sortir. — « Cette protestation faite, ledit Lambert ouvre « la porte de la tour, dans laquelle il introduit « les consuls et dont il leur remet les clefs. »

. . . .

Cependant Alphonse d'Espagne, seigneur de Limeuil, commandait la noblesse de la province en sa qualité de sénéchal de Périgord. « Connaissant de longue date, écrivait-il le « 25 août 1326, le zèle et le dévouement dont « vous et vos prédécesseurs avez toujours fait « preuve pour le service du roi, nous vous re-« quérons de sa part et en son nom, et, pour ce « qui est de nous, vous prions instamment de « nous envoyer soixante gens d'armes, bien « équipés, munis et pourvus de tout ce qui leur « est nécessaire pour tenir la campagne. Nous « n'entendons pas du reste que ce service, par « vous rendu, porte aucune atteinte à vos pri-« viléges ou aux droits de votre consulat, ni « qu'on puisse jamais s'en prévaloir contre vous « pour en tirer à l'avenir aucune conséquence « préjudiciable à vos intérêts. » Pour fournir ces secours, la ville fut obligée d'imposer les habitans et d'exiger une contribution; quelques clercs et d'autres privilégiés prétendirent s'en affranchir; mais il s'agissait d'un service public, aucune réclamation ne fut admise, et tous furent contraints d'y concourir. — En 1336 et en 1348, tous les citoyens renouvelèrent, entre les mains du maire et des consuls, le serment de se défendre jusqu'à l'extrémité, et de se conserver pour le roi. Trois fois ils repoussèrent les Anglais venus pour les assiéger, et ce fut seulement après avoir, pendant *quinze années entières*, soutenu la guerre avec ses propres ressources que la ville, épuisée d'hommes, d'argent, environnée de quatorze places dont les ennemis s'étaient rendus maîtres, et dont ils partaient pour ravager le pays, se vit enfin obligée de demander au roi cent hommes d'armes et cent sergens à pied à ses gages, pour l'aider dans sa défense. La communauté était désormais dans l'impossibilité absolue de se suffire plus longtemps à elle-même. Pressée de tous côtés par les ennemis, elle se voyait en outre ravagée par une épidémie meurtrière qui lui enleva la moitié de ses habitans. Le secours qu'elle sollicitait lui fut accordé; mais il ne suffit pas pour la sauver. Elle succomba enfin, et fut prise par les Anglais en 1356.

Le maire et les consuls avaient fait les plus énergiques efforts pour éviter ce malheur. Ils craignaient que le roi ne rendit la ville responsable de son échec, et que si, par la suite, il la reprenait sur ses ennemis, il se crût en droit de la traiter en ville conquise, dépouillant les citoyens de leurs antiques priviléges. — Des lettres royales de mars 1356 ne tardèrent pas à rassurer pleinement, à cet égard, les citoyens de Périgueux, en rendant toute justice à la constance et à la fidélité dont ils avaient fait preuve. « Dès que la ville, est-il dit dans ces lettres, sera « rentrée sous l'obéissance du roi, soit par la « force des armes, soit par composition ou au« trement, le consulat rentrera lui-même dans « l'exercice de tous ses droits. » Périgueux, du reste, ne resta pas long-temps au pouvoir des ennemis. Ils en sortirent, ou en furent chassés (on ne sait trop lequel des deux) l'année suivante 1357. Le cardinal de Périgord et le comte son frère prétendirent avoir eu la plus grande part à cette délivrance, et se vantèrent d'avoir arraché aux ennemis la ville dont, à la suite de ces événemens, ils restèrent quelque temps en possession. — Il est plus probable cependant qu'ils ne l'avaient reprise qu'après s'être arrangés avec le roi d'Angleterre, qui la leur aura cédée. Quoiqu'il en soit, le traité de Bretigny (8 mai 1360) abandonnait, deux ans après, au roi d'Angleterre, en toute souveraineté, le duché de Guyenne avec toutes ses mouvances. Dans la liste des lieux cédés, et dont la souveraineté était aliénée, se trouvait... « *la Cité, le Chastel et* « *toute la comté du Périgord, et la terre et le pays* « *de Périgord.* »

Si l'on avait attaché alors aux questions de théorie la même importance qu'aujourd'hui, on n'aurait pas manqué de discuter longuement la question de savoir si le démembrement, par lequel le seigneur détruisait les relations réciproques de la féodalité, lui était permis sans le consentement du vassal, et si celui-ci ne recouvrait pas, par l'acte de cession, la liberté primitive dont il jouissait avant l'engagement féodal. En d'autres termes, si le prince, que ses sujets n'étaient pas libres d'abandonner comme souverain, était libre lui-même d'abandonner ses sujets...? — Mais ce n'était guère au point de vue des principes abstraits que l'on se préoccupait alors des choses. — Dans des lettres patentes adressées aux maire, consuls et habitans de Périgueux, le roi les prie et les requiert, leur commande et leur enjoint étroitement : « Sur toute « l'amour, loyauté et serment que vous avez à « nous, d'entrer en la foi et hommage du roi « d'Angleterre...! » se fondant ainsi sur la foi qui lui était due, pour exiger qu'on cessât de la lui rendre!... Les lettres furent lues, les sommations et injonctions, en conséquence, faites aux bourgeois de Périgueux par le maréchal de Boucicault, commissaire du roi Jean pour l'exécution du traité. Le maire et les consuls répondirent au nom de tous les habitans, en demandant qu'on leur laissât copie sous forme authentique de ce qui venait de leur être lu, et qu'on leur accordât un délai suffisant pour en délibérer, afin qu'après un mûr examen ils pussent répondre et se conduire avec plus de sagesse et de prudence... Le lendemain mercredi, les citoyens, convoqués par leurs magistrats, se rassemblèrent en effet à la porte Taillefer. Le maréchal de Boucicault et les autres commissaires publièrent de nouveau les ordres du roi. Ces ordres portaient : « De faire faire au roi d'An-« gleterre, par les hommes et sujets desdites « Cités, villes, etc., les féautés, hommages, ré-« vérences, sujétions, obéissances et autres « devoirs quelconques qui, avant la paix, étaient « accoutumés ou devaient être faits au roi de « France, *en contraignant ou faisant contraindre à « ce vigoureusement* et *raidement, si mestier est*, tous « les rebelles et désobéissans. » De son côté, attendait à quelque distance, magnifique, noble et puissant seigneur Jean Chandos, vicomte de Saint-Sauver, lieutenant du roi d'Angleterre, chargé de recevoir la tradition des villes, d'en prendre possession au nom de son maître, et de recevoir le serment. Il ne pouvait entrer dans la ville sans que le maire et les consuls l'y eussent reçu librement. — Les autorités municipales tinrent conseil hors de la présence des deux commissaires, non-seulement entre elles, mais avec tous les citoyens qui se trouvèrent présens ; la délibération finie, le maire et les consuls revinrent se présenter devant les officiers royaux, et leur déclarèrent, au nom de la communauté, qu'ils étaient prêts à obéir une dernière fois avec respect aux ordres du roi leur ancien seigneur, mais seulement dans toutes les choses qui pouvaient regarder le roi (1). Il ne pouvait en effet se dépouiller que de ce qui lui appartenait, et il n'avait dans la ville que la souveraineté purement politique. Les libertés, franchises, immunités des citoyens étaient leur bien propre et inaliénable; c'était le droit divin de ce temps-là!... Aussi la ville, avant de recevoir Jean Chandos, fit-elle ses conditions; elle le requit de réserver et confirmer tous les droits dont elle était en jouissance; de reconnaître qu'en passant sous la souveraineté du roi d'Angleterre, elle conservait intacte son ancienne constitution. Les choses furent ainsi bien entendues; ce ne fut qu'après les protestations et les sermens les plus formels à cet égard que Jean Chandos se vit ouvrir enfin les portes de la ville, et alla prendre possession des droits cédés à son maître.

Malgré cet engagement pris au nom du roi d'Angleterre par son lieutenant, le moment parut favorable au comte de Périgord pour faire valoir des prétentions souvent repoussées. Elles le furent de nouveau le 23 mars 1362. Jean

(1) In his quæ ad dictum dominum Regem spectant et pertinent.

Chandos, par un jugement longuement motivé, reconnut la franchise de la ville et son entière possession d'elle-même, sauf la souveraineté politique du souverain. On rendit solennellement aux maire et consuls, les clefs des portes qui leur avaient été enlevées au commencement de l'occupation anglaise; on les conduisit processionnellement dans tous les quartiers, et on fit publier à son de trompe et enjoindre à tous les citoyens : « de quelqu'état ou condition « qu'ils fussent, d'avoir à leur obéir ainsi qu'ils « l'avaient fait précédemment, comme à leurs « véritables seigneurs, et représentant de la « communauté toute entière. » Le lendemain eut lieu en grande pompe la cérémonie de la prestation du serment. Tous les citoyens comparurent en présence du maire et des consuls, qui, assis devant la porte du monastère de Saint-Étienne, tenant entre leurs mains le Missel, furent reconnus seuls et véritables seigneurs temporels. — Tant que la ville de Périgueux resta sous la domination anglaise, ses droits de seigneurie et de justice ne furent plus contestés.

Cependant le traité de Bretigny n'avait pas été ratifié. En 1368, le comte d'Armagnac, Archambaud, comte de Périgord, et son frère Talleyrand, ainsi que tous les vassaux du duché de Guyenne, avaient fait appel au roi et à la couronne de France pour se plaindre des vexations d'Edouard et du prince de Galles, son fils. La ville de Périgueux suivit cet exemple; mais sa situation était différente de celle des autres seigneurs; elle se trouvait placée, pour cet appel, dans une position toute spéciale, et l'hésitation que l'on remarque dans sa conduite à cette occasion, les subterfuges auxquels la communauté se crut obligée d'avoir recours, sont autant de circonstances qui méritent d'être signalées, parce qu'elles prouvent le religieux respect du peuple souverain de ce temps-là pour les fictions légales. C'est ce respect religieux des masses populaires pour des conventions, des fictions souvent gênantes dans la pratique, toujours assez peu justifiables en théorie, — c'est ce respect, dominant comme un point fixe toutes les institutions sociales au moyen-âge, qui favorisait la démocratie, tout en lui imposant un frein salutaire. Cette fois, pourtant, il fallut trouver un prétexte pour se soustraire aux obstacles qu'il mettait à la réalisation d'un vœu légitime. Voici quelle était la difficulté : Après le procès-verbal de l'extradition reçue par Jean Chandos en 1361 ; la ville de Périgueux était devenue un fief mouvant immédiatement de la couronne d'Angleterre. Or, les simples vassaux du duché de Guyenne, comme les comtes d'Armagnac, de Périgord ou autres, pouvaient bien légalement en appeler du duc de Guyenne (quel qu'il fût), leur seigneur immédiat, au roi, leur commun seigneur. Mais à quel tribunal pouvait en appeler la communauté indépendante de Périgueux, et qui pouvait-elle traduire en justice?... Ce n'était pas comme le faisait chacun des vassaux du duc de Guyenne, son seigneur, puisqu'elle n'avait pas de seigneur et relevait directement du roi. Ce ne pouvait donc être que son *souverain*, c'est-à-dire le roi d'Angleterre; mais alors, elle ne pouvait légalement l'ajourner au tribunal d'un autre prince, et c'était à Londres qu'aurait dû se juger son procès.

La difficulté, encore une fois, n'en serait assurément pas une aujourd'hui ; nous aurions toute prête et sous la main, pour la résoudre, quelque déclaration des droits de l'homme et du citoyen. Personne ne songerait d'ailleurs à jetter à la traverse d'une révolution nationale si légitime, pareils scrupules de procureur. — Mais au quatorzième siècle, la raison humaine n'était pas si fière ; elle ne se croyait pas assez sûre d'elle-même pour faire aussi bon marché des *formes de la justice*, des conventions antérieures quelles qu'elles fussent. Outre le juste et l'injuste *absolu*, dont les limites étaient tracées par la loi religeuse, elle admettait encore, dans les rapports des hommes entre eux, le juste et l'injuste *relatif*, résultant des situations diverses, des engagemens contractés, des fictions admises et ayant cours. — En cette occasion, la conduite de Périgueux avait évidemment besoin d'être justifiée sous ce rapport ; on le sentait si bien, qu'on essaya de se tirer d'affaire et de donner une satisfaction telle quelle à l'opinion publique, au moyen d'une subtilité dans la rédaction des lettres d'appel adressées au roi par la communauté ; on supposa, « pour cette fois « seulement », dit le mémoire que nous avons déjà souvent cité, que Périgueux ne relevait du roi que comme duc de Guyenne ; on en concluait que le roi de France ayant conservé la souveraineté et le ressort sur la Guyenne, à cause de l'inexécution par les anglais eux-mêmes du traité de Bretigny, la ville pouvait le considérer comme étant encore son souverain, et en droit conséquemment de recevoir son appel. C'était évidemment tout le contraire de ce qui avait jusqu'alors été soutenu par ce petit état si fier et si jaloux de son indépendance. Aux prétentions du comte de Périgord, on avait toujours opposé, nous l'avons vu, que Périgueux était un fief noble relevant directement de la couronne, et ne connaissant d'autre seigneur que le roi. Aujourd'hui, on voulait faire entendre aux Anglais tout le contraire! — Du reste, toutes réserves furent faites, toutes précautions furent prises, pour que cet argument, suggéré par le besoin du moment, ne pût être allégué plus tard contre les droits et priviléges de tout temps possédés par la ville; la rédaction des lettres fut un chef-d'œuvre de diplomatie dans le but de concilier l'intégrité de ces droits et priviléges, avec la ruse imaginée pour écarter les moyens que le prince de Galles eût pu opposer à l'appel. La communauté eut soin, en outre, après être redevenue française, de faire reconnaître ces droits en termes formels, dans les documens les plus authentiques. Par des lettres patentes du duc d'Anjou (1369-1370), confirmées l'année suivante par Charles V, le roi s'engageait pour lui et ses successeurs, « quel que fût, par la suite de la guerre, le sort « du duché d'Aquitaine, et quand bien même « la souveraineté de la province devrait être « cédée de nouveau, à ne jamais détacher de la « couronne de France le territoire de la ville « libre de Périgueux sans son plein et exprès « consentement. » — Par le fait, cette promesse du roi était la meilleure réfutation de l'hypothèse un instant admise pour se débarrasser du prince de Galles. En effet, si la ville et la Cité de Périgueux avaient relevé du duc de Guyenne, elles auraient dû, dans tous les cas, suivre le sort et la fortune de la province. Prévoir, au contraire, la cession de la Guyenne, et réserver dans ce cas le territoire de Périgueux, c'était reconnaître la mouvance immédiate de la couronne; et c'était cette reconnaissance que la ville avait à cœur d'obtenir pour prévenir le danger de la démarche compromettante à laquelle les circonstances l'avaient obligée.

Bien qu'il eût, ainsi que la communauté de Périgueux et la plupart des grands vassaux de la Guyenne, signé des lettres d'appel contre le prince de Galles, le comte de Périgord, Archambaud, était resté, en définitive, allié des Anglais. Jugeant le moment plus favorable que jamais pour faire valoir, à la faveur des désordres publics, les anciennes prétentions de sa famille, il n'épargnait rien pour devenir maître de la ville, comme il l'était déjà de la province. Pendant les années suivantes, 1369 1370, et les troubles de la minorité de Charles VI, les habitans de Périgueux déployèrent une admirable énergie contre tant d'ennemis. Ils étaient constamment sous les armes, commandés, tantôt par le maire et les consuls, tantôt par le chef militaire qu'ils nommaient eux-mêmes en assemblée générale. Ils délibéraient sur la défense commune, arrêtaient les projets et plans de campagne; leurs magistrats prononçaient sur le sort des prisonniers; ils faisaient réparer les brèches, entretenir les murailles; ils répartissaient entre tous les individus indistinctement les charges de la communauté, dont nul n'était exempt. A l'intérieur, ils faisaient prêter à tous les citoyens, depuis l'évêque, comme membre de la corporation, jusqu'aux moindres officiers des troupes, aux gentilshommes, citoyens et bourgeois, le serment de défendre la patrie.

En 1390, le danger semblait devenu plus pressant que jamais ; les Anglais, quittant l'Auvergne et le Quercy, se disposaient à concentrer leurs forces en Périgord, et à faire un siége en règle de sa capitale. Le maire en exercice était un nommé *Bernard de Petit*, licencié en droit, un de ces hommes actifs, énergiques, dévoués, tels qu'il s'en rencontre parfois pour sauver un état au moment d'une crise décisive. Ayant réuni les prudhommes et les habitans notables, il leur expose en détail tous les dangers de la situation : « Les Anglais avaient formé le projet « de s'emparer de la ville par escalade, du côté « de la rivière, par le passage existant entre la « tour de la Boucherie et le moulin de Saint-« Front, où les murs et les palissades étaient en « fort mauvais état ; il fallait se hâter d'orga-« niser la défense, relever les murs, restaurer « les palissades, surtout faire bonne garde pour « éviter les surprises. L'argent manquait ; il n'y « avait en caisse qu'une somme de vingt-quatre « livres treize sous, etc... » — L'éloquence du maire, la confiance que lui et les consuls inspiraient à tous firent une profonde impression sur l'assemblée. Après une courte delibération, il fut résolu, à l'unanimité, que l'on s'appliquerait à réparer promptement les murailles à l'endroit indiqué, et que pour cela chaque chef de famille fournirait tous les jours, jusqu'à l'achèvement des travaux ; un homme, et plus, si le maire et les consuls le jugeaient convenable (1).

Découragés par ces préparatifs et les dispositions pressenties de la population, les Anglais se dirigèrent d'un autre côté, et ne parurent pas devant Périgueux. Mais, l'année suivante 1391, la ville eut à repousser un assaut donné par les gens du comte de Périgord. On se battit pendant une nuit entière ; tous les efforts des assaillans n'aboutirent qu'à pénétrer dans l'église des Jacobins (aujourd'hui des Ursulines), qu'ils furent même, avant le lever du soleil, forcés d'évacuer.

Cependant le maire et les consuls avaient envoyé au roi des députés chargés de lui faire connaître la déplorable situation de la communauté, les sacrifices auxquels elle s'était vue obligée pour repousser ses ennemis ; la misère où elle se trouvait à présent réduite ; enfin la

(1) Recueil de titres, p. 447.

guerre à outrance que lui faisait injustement le comte Archambaud. Sensible aux souffrances de sujets si dévoués et si fidèles, le roi envoya à leur secours un corps de deux cents hommes d'armes et cent vingt arbalétriers commandés par Robert de Béthune, vicomte de Melun, qui assiégea et prit plusieurs places appartenant au comte de Périgord. Celui-ci, retiré dans son château de Montignac, où le sénéchal (1) et le vicomte de Melun s'étaient rendus pour lui conseiller la soumission, avait promis de suspendre les hostilités, d'ordonner à tous ses partisans de cesser leurs courses et de comparaître, à Paris, en présence du parlement pour y voir juger ses démêlés avec la ville de Périgueux. Il n'en fit rien cependant, ne tarda pas, au contraire, à recommencer la guerre, et la continua presque sans interruption pendant qu'à Paris son procès traînait en longueur, et que les députés de Périgueux s'adressaient, en désespoir de cause, au duc d'Orléans, frère du roi, et leur protecteur, le suppliant de leur faire obtenir enfin « un bon arrest à l'encontre dudit comte et de ses complices. » — Le bon arrêt fut rendu en audience solennelle, par la cour du

(1) Aymeri de Rochechouart.

parlement, le 3 février 1397. Archambaud et ses complices furent déclarés coupables de tous les crimes à eux imputés... Condamnés à fonder dans la ville ou dans la Cité de Périgueux deux chapelles ou chapellenies garnies de tout le matériel nécessaire pour l'exercice du culte avec *trente livres parisis* de rente annuelle et perpétuelle chacune, dans lesquelles les offices divins seraint célébrés pour le repos et le salut des âmes de ceux qui avaient péri par leur fait ou par leur faute ; « à payer aux maire, consuls et « communauté, la somme de *trente mille livres « tournois*, et, s'ils peuvent être trouvés et ap- « préhendés, à rester en prison jusqu'à ce qu'ils « aient pleinement satisfait à toutes ces choses... « En ce qui concerne la vindicte publique, et « pour satisfaire à la requête du procureur-gé- « néral, la cour bannit à perpétuité du royaume « de France Archambaud et ses complices, et « déclare à jamais confisqués les biens qui leur « resteraient après satisfaction faite aux peines « civiles prononcées contre eux. »

Archambaud V mourut peu de temps après la publication de ce jugement dont l'exécution fut poursuivie sur son fils. Fortifié dans son château de Montignac, celui-ci marchait sur les traces de ses prédécesseurs, et avait juré, comme eux, guerre éternelle à la petite république souveraine, dont le voisinage rendait l'exercice de sa propre souveraineté impossible. Entre les comtes de Périgord et l'état libre de Périgueux, c'était le « *delendà carthago.* » L'un devait absorber l'autre, ou disparaître lui même. Jamais une démocratie ne vivra en paix, ni avec elle-même, ni avec ses voisins. — Le comte avait donc convoqué ses vassaux, et tenait la campagne avec une petite armée qui s'inquiétait peu des arrêts du parlement. . . . .

Il avait fait publier partout défense d'aller à Périgueux, d'y apporter ou faire apporter des vivres. A quelques lieues de la ville, il avait mis le siége devant le château d'Aymeric de Chabannes, lieutenant du sénéchal de Périgord, l'un des plus constans amis et défenseurs de Périgueux. La place lui fut livrée par l'entremise d'un écuyer, nommé Amaury de Fumel, et de trois Anglais qui faisaient partie de la garnison. Archambaud, après avoir fait complètement miner l'édifice, mit le feu aux pièces de bois qui le soutenaient; le château s'affaissa sur lui-même, et ne presenta plus qu'un monceau de ruines. Il fut rebâti par la suite, et les ruines de ce nouveau château se voient encore aujourd'hui à quelques Kilomètres de Périgueux. Le 18 juin 1397, les sénéchaux du Périgord et du Limousin arrivèrent avec cent hommes d'armes et trente arbalétriers, auxquels se joignirent trois cents hommes que la municipalité leur fournit sur leur demande. Les châteaux de Roussille, Razac, etc., appartenant au comte, furent pris après une défense énergique, et rasés. Une guerre des plus cruelles continua pendant plusieurs mois encore. Enfin, l'année suivante (1398), le maréchal de Boucicaut fut désigné par le roi pour en finir, délivrer Périgueux et mettre à la raison le vassal rebelle qui la menaçait. On trouve dans les mémoires du maréchal lui-même le récit de cette campagne :

« Sitôt que le maréchal fut arrivé en Périgord, il manda au comte qu'il se mît en « l'obéissance et volonté du roi, et demandât « pardon du grand mépris que vers lui avait « fait, et que si ainsi le voulait faire, que lui-« même pourchasserait sa paix vers le roi, et le

« prierait qu'il lui voulût pardonner. — Mais « de tout ce ne fit nul compte. Ains, épia son « point, et saillit sur les gens du maréchal à bel « escarmouche ; mais toutefois ce fut à son pis, « car il fut laidement rechassé en sa forteresse. « De cette désobéissance et outrecuidance que « le comte de Périgord faisait contre le roi, fut « moult indigné le maréchal, et dit qu'il lui « vendrait cher sa folie. Si mit tantôt le siége « par très belle ordonnance devant le châtel de « Montignac, qui est une très forte place, et « semblerait comme imprenable, et là était le- « dit comte... — Bien virent ceux de dedans que « tenir ne se pourraient, et que remède n'y « avait qu'ils ne fussent pris par vive force. Si, « conseillèrent au comte qu'il se rendît, laquelle « chose, quand plus n'en put, il fit et se soumit « à la volonté du roi et à l'ordonnance du ma- « réchal ; et aussi se rendirent au roi tous ses « châteaux et villes. Le maréchal y mit très « bonnes gardes et très bien les garnit, et le « comte et ses sœurs, qui avec lui furent pri- « ses, envoya en France au roi, lequel lui par- « donna ses méfaits, pour ce qu'il lui cria « mercy, et promit d'être de là en avant bon « Français. De laquelle chose il se parjura ; car

« assez tôt après se partit sans congé, et s'en « alla en Angleterre, dont puis ne retourna... »

Telle fut la fin de cette longue querelle qui s'était prolongée pendant trois cents ans, avec les vicissitudes les plus diverses. — Dans des fragmens manuscrits sur l'histoire du Périgord, son pays, Lagrange Chancel (1) rapporte cette histoire d'Archambaud VI avec des circonstances romanesques dont l'authenticité peut paraître douteuse dans plus d'un détail. Son récit n'a guère la couleur de l'époque à laquelle il se rapporte, et, comme tout ce qui s'écrivait alors, donne moins de lumières sur les mœurs du temps dont il parle que sur celles du temps où il vivait. — On n'avait guère, en effet, à la cour du régent, l'intelligence des mœurs du moyen-âge, et les choses ne se passaient pas en 1400 comme se l'imaginait, en 1720, Lagrange Chancel. Les principales circonstances de son récit se trouvent cependant consignées dans des auteurs plus graves, et le souvenir s'en est conservé comme une tradition locale fort accréditée. S'il faut l'en

(1) Poète dramatique, né à Périgueux en 1676, mort en 1758, auteur des *Philippiques contre le régent*, et enfermé pendant plusieurs années aux îles Marguerites, d'où il parvint à s'échapper.

croire, Archambaud, passionnément amoureux de la fille d'un bourgeois de Périgueux nommé Guillaume Debotas, et, désespérant d'obtenir sa main, malgré tout ce qu'il avait pu tenter pour y parvenir, pénétra un jour dans la ville, à la tête de quelques soldats, dans le dessein d'enlever cette jeune personne pendant une procession. Il fut repoussé après un combat sanglant, et s'échappa à grand'peine. A cette occasion, la guerre entre lui et Périgueux devint plus acharnée que jamais, et se continua jusqu'à la condamnation prononcée par le parlement et exécutée, comme nous l'avons dit, par le maréchal de Boucicaut. Le père Dupuy, récollet, qui écrivait, en 1649, un livre sur l'état de l'église du Périgord, son pays, parle également « de *la lubricité* du comte Archambaud VI, qui, ayant jeté un œil de concupiscence sur une fille d'une honorable famille, essaya de la ravir par l'assistance de ses satellites, et fut cause d'un sanglant désordre au Puy-Saint-Front. » — Il rapporte le jugement qui bannit hors du royaume tous les adhérens du comte, sauf un moine qui fut rendu à la justice de son ordre. — Quoiqu'il en soit, Archambaud VI mourut en Angleterre, sans laisser d'enfans (1). Le comté de Périgord, confisqué sur lui, fut donné au duc d'Orléans, frère du roi Charles VI, qui le transmit plus tard, avec le comté d'Angoulême, à Jean son troisième fils. Celui-ci le vendit, en 1437, à Jean de Bretagne, vicomte de Limoges. Guillaume, frère et successeur de ce Jean de Bretagne, mort en 1460, eut pour héritière sa fille unique Françoise de Bretagne, dont le mariage avec Alain d'Albret porta dans cette maison le comté de Périgord, qui fut réuni à la couronne à l'avènement de Henri IV.

Quant à la communauté de Périgueux, délivrée de l'ennemi redoutable contre lequel elle avait si long-temps combattu, elle demeura sous la protection du roi, en jouissance de tous ses droits de libre gouvernement, et n'en fut pas pour cela plus paisible. Les citoyens continuèrent à défendre leur ville contre les ennemis du dehors et à entretenir à leurs frais les murs et les fortifications. Ils continuèrent aussi à exercer sur leur territoire la souveraineté collective dont ils s'étaient toujours montrés si jaloux. Un

Les Talleyrand qui existent aujourd'hui descendent des sires de Grignols, branche apanagée de la maison des comtes de Périgord.

acte authentique de 1411 le prouve d'une manière évidente. Un juge royal ayant arrêté, dans un village voisin, un nommé Hélie de Fontenilles, le fit transporter à Périgueux et enfermer dans la prison du consulat sans en avoir obtenu la permission du maire et des consuls. Ceux-ci, non-seulement protestèrent, mais firent sommation par devant notaire au juge royal et au procureur du roi, d'avoir à reconnaître l'irrégularité de leur démarche. Cette déclaration leur fut accordée; les officiers du roi reconnurent leur tort; et il fut du tout dressé un procès-verbal qui existe encore aujourd'hui, conservé dans les archives de l'hôtel de ville (1). C'est pour maintenir ce droit de propriété, qu'avant de laisser entrer dans la ville le sénéchal de la province, nommé par le roi, on lui faisait prêter solennellement serment sur le livre des évangiles, et agenouillé aux pieds du maire, assis devant le grand portail de l'église de Saint-Front : « De maintenir la ville et les habitans d'icelle « en leurs immunités, exemptions et priviléges; « de ne souffrir que nuls gens de guerre ne lo- « gent dans la ville ni banlieue sans expresse

(1) *Livre vert* des registres de l'hôtel de ville de Périgueux, pièces justificatives. [LXXVII.]

« permission des sieurs maire et consuls ; enfin, » de tenir à précaire et par sol emprunté le lieu « où la justice est exercée, parquet, auditoire, « prison, pilori, etc., etc. » Ce n'est pas à dire, est-il naïvement expliqué dans le procès-verbal d'une de ces prestations de serment, « que la « maison commune, auditoire, parquet et pri- « sons ne soient bien au roi, à son commande- « ment et service, de même que les personnes « et les biens de tous et chacun, dont il peut « faire et commander suivant son plaisir ; mais « enfin on est bien averti de son bon vouloir qui « veut et entend à un chacun être gardé le « sien !... » — De même, en 1561, le roi ayant nommé un exécuteur des œuvres de la justice criminelle ordonnées par sentence du sénéchal, le maire et les consuls s'y opposèrent et soutinrent que, comme le territoire était à eux seuls, ils avaient seuls la nomination de cet exécuteur. L'affaire fut portée au conseil, et la ville fut maintenue dans son droit de faire elle-même ce choix.

Aux guerres étrangères succédèrent celles de religion, qui furent longues et acharnées dans la province. Les protestans, maîtres de Bergerac, s'emparèrent de Périgueux le 6 août 1575 et le livrèrent au pillage. Les reliques de Saint-Front, l'apôtre du Périgord, objet d'une vénération particulière de la part des catholiques, furent enlevées de la chasse qui les renfermait et jetées dans la Dordogne. — Le joug que ceux de la religion firent peser sur la ville devint plus dur encore l'année suivante 1576., l'édit de paix donné par Henri III, et qui accordait aux huguenots le libre exercice de leur religion, ayant compris Périgueux parmi les villes d'assurance qui leur étaient accordées. Les excès commis par les protestans furent tels qu'en 1578 le roi de Navarre sorti de La Rochelle pour visiter son gouvernement, étant venu à Périgueux, les habitans lui présentèrent, « pour toute entrée, *un* « *arc très haut sans feuillure,* et au milieu un « écriteau blanc qui disait : *Urbis deforme cada-* « *ver* (1). Un écuyer qui marchait devant le roi « l'assura que c'était la plus belle entrée où il « l'eût jamais accompagné, à cause de ces trois « mots. Le roi lui demanda de les lui expliquer, « mais il s'en excusa sur ce qu'il n'y avait pas « de mots français pour en rendre exactement « le sens. » — Après six ans de cette occupation

(1) Le père Dupuy, vol. II, p. 208.

étrangère, les catholiques profitèrent d'un moment favorable, se soulevèrent en masse, attaquèrent le fort, chassèrent les huguenots et reprirent la ville.

Pendant ces guerres, et après, comme avant, à toutes les époques enfin, — de nombreux et authentiques documens qu'il serait fastidieux d'énumérer, prouvent jusqu'à l'évidence, que la puissance publique, militaire et civile était exclusivement exercée par le maire et les consuls, librement élus chaque année par tous les citoyens. Ainsi, en 1461, le roi Louis XI ayant désigné, pour remplir les fonctions de maire de Périgueux, Pierre d'Acigné, sénéchal du Périgord, ne fait pas difficulté de reconnaître qu'il a excédé ses pouvoirs royaux, et de se rendre aux représentations qui lui sont adressées au sujet de cette nomination. Par des lettres du 10 novembre, il s'excuse d'avoir accordé l'office de maire de Périgueux, « lequel, comme « nous avons entendu, n'est pas à notre dis- « position; mais y avez au contraire de pour- « voir comme par ci-devant. » — En 1431, le maire et les consuls, ne pouvant vaquer ni entendre à la défense de la ville menacée, nomme, « du vouloir et consentement de ladite *commu-* « *nauté de cette ville*, le sire Front de Saint-Astier « pour être lieutenant et capitaine à leur place, « après lui avoir fait prêter serment sur les « évangiles de n'agir en toute circonstance « qu'au nom de la communauté de la ville, et « seulement jusqu'au premier *jour de septembre* « *prochain venant*, époque à laquelle il s'engage « par devant notaire, à *rendre ladite ville*, ou « même plus tôt s'il en est requis, et à résilier « tous ses pouvoirs. » — En 1570, c'est le maire lui-même qui passe la revue des troupes de la communauté, dirige les travaux de fortifications, « toutes les nuits, et souvent le jour, « visite les gardes et sentinelles, sans épargner « de sa personne, et bien montrant exemple à « un chacun de s'acquitter de son devoir, jus- « qu'à prendre la peine de remuer de la terre « des fortifications. » — En 1587, après la bataille de Coutras, plusieurs gentilshommes du pays veulent forcer le maire et les consuls à traiter avec les ennemis campés à une lieue de la ville ; mais ceux-ci n'y veulent entendre, et conviennent au contraire, avec les habitans, de se défendre *virilement*, s'ils venaient à être attaqués.

« Auxquelles fins appelèrent dedans la ville les « seigneurs de Cousture, de Montardy et de « Dussac, gentilshommes de valeur et de réputa- « tion, bien affectionnés au service de Dieu et « du roi, avec bon nombre de soldats du pays, « la plus grande partie desquels furent nourris « et entretenus par les hôtelleries, aux dépens « de la ville, outre le payement qui leur fut « baillé ; le tout des deniers de la recette du « comptable et revenu ordinaire de la ville. Ce « que voyant les ennemis, ils passèrent outre et « s'en allèrent aux environs de Sarlat — Ce- « pendant, la Saint-Martin étant venue, il fut « procédé à l'élection des sieurs maire et con- « suls pour l'année suivante... »

En 1651, pendant les troubles de la minorité de Louis XIV, le prince de Condé vint à Périgueux, entraîna dans son parti plusieurs citoyens considérables et influens, et nomma gouverneur le marquis de Chanlost, son premier écuyer, qu'il y laissa avec une forte garnison. La ville demeura pendant deux ans au pouvoir des princes, malgré plusieurs tentatives, sévèrement réprimées, d'une partie notable de la population restée fidèle au roi. Enfin, en 1653, les mesures furent mieux concertées. Le sire Joseph de Bodin, bourgeois de Périgueux, conseiller du roi, et son procureur en la sénéchaussée de Périgord, qui avait reçu l'ordre de rester dans la ville, pour chercher les occasions de la remettre sous l'obéissance de Sa Majesté, parvint à se mettre secrètement en rapports avec le duc de Candalle, gouverneur de la Guyenne, et à la tête d'une armée de douze mille hommes, rassemblée dans les environs. Après avoir sondé les principaux habitans, et s'être assuré qu'ils étaient disposés à tenter un grand effort, Bodin s'entendit avec le consul en exercice, réunit pendant la nuit, dans sa maison, les chefs de l'entreprise, et convint avec eux de la mettre à exécution dès le lendemain. Ils étaient encore réunis quand le gouverneur, averti du complot, accourut, à la tête de quelques soldats, pour se saisir de leurs personnes; il fut tué dans la mêlée. Les conjurés appelèrent le peuple aux armes; on se battit dans les rues pendant une partie de la journée; les forts occupés par la garnison se rendirent; trois régimens d'infanterie, retranchés sur la place *de la Clautre*, résistèrent quelque temps. Enfin, attaqués de tous côtés, officiers et soldats se réfugièrent dans l'évêché, abandonnant leurs canons. Ils se rendirent bientôt, après avoir obtenu une capitulation honorable. A la première nouvelle de l'insurrection, les troupes royales s'étaient mises en marche pour assister les citoyens. Quand elles arrivèrent aux portes, tout était fini, et leur intervention n'étant plus nécessaire, l'entrée de la ville leur fut interdite. Avant d'en reprendre possession au nom du roi, le duc de Candalle dut passer, avec le maire, les consuls et citoyens de Périgueux, un traité en dix articles, qui fut ratifié par le roi et son conseil. Dans ce traité, on stipulait l'amnistie pour tous les habitans, à l'exception de quelques-uns des chefs les plus compromis dans le parti des princes, et nominativement exceptés ; la conservation de tous les priviléges et immunités de la ville, Cité, banlieue et juridiction de Périgueux; la conservation des muraillles, de l'artillerie et des munitions de guerre appartenant à la ville; enfin « l'élection nouvelle d'officiers de guerre « dans chaque quartier, des mieux intentionnés « au service du roi, autres que ceux qui ont été « établis pendant l'union au parti de monsieur « le prince, ou qui ont exercé lesdites charges « pendant ledit temps... » Comme qui dirait aujourd'hui la dissolution et la reconstitution de la garde nationale.

Au nombre des privilèges, ainsi de tout temps maintenus par la ville, était « l exemption de « toute taille, impositions et autres subsides « pour quelque occasion que ce fût. » Ce droit d'exemption finit pourtant par être contesté au nom du roi. Dans l'attaque des constitutions politiques, c'est presque toujours du côté des finances que la brèche est ouverte... A la date de 1773, on trouve, dans les archives de la ville, le procès-verbal d'une délibération du conseil général des citoyens de Périgueux, assemblés pour nommer un fondé de pouvoir chargé de soutenir les intérêts de la communauté dans le procès qui lui était intenté, au conseil royal des finances, par les fermiers de Sa Majesté. « Attendu, est-il dit dans cette pièce, « que ce procès intéresse également tous les « ordres et corps de citoyens qui composent « l'universalité de la communauté, le procureur « syndic de la présente ville requiert que messieurs les maire et consuls aient à ordonner « la convocation de tous les ordres et corps

« composant l'universalité de ladite communauté, à l'effet de délibérer sur le choix, « nomination et instructions du fondé de pou« voirs. » On fit droit à cette requête ; des lettres de convocation furent envoyées par le comte de la Roche Aymon, maire pour cette année, à tous les ordres et corps de la communauté, pour les inviter à nommer des députés, qui se réuniraient à l'hôtel de ville, et nommeraient à leur tour un fondé de pouvoirs pour la communauté toute entière. C'était la pratique du système électoral à deux degrés. — Quant au procès dont il est ici question, il ne fut jugé en dernier ressort que par la révolution française.

DE LA DÉMOCRATIE MODERNE.

En rapportant avec autant de détails des particularités et des incidens à la plupart desquels on ne trouvera peut-être qu'un intérêt exclusivement local, nous n'avons pas prétendu faire de l'érudition, ni donner l'histoire complète d'une ville qu'aucun grand événement, aucun grand fait national ne signale d'une manière directe à l'intérêt public. — Bien que Périgueux n'ait pas été, sous l'ancien régime, une *ville de commune* ordinaire, et que sa condition particulière soit curieuse sous plus d'un rapport; bien que la possesion par indivis d'un fief noble conférant à tous les membres de la communauté tous les priviléges dont jouissait ailleurs *la noblesse de race*, soit un fait digne de remarque ; — ce n'est pas là cependant ce que nous avons essayé de mettre en lumière. Nous n'avons cherché dans ces vieux titres conservés aux archives de la maison de ville, que des documens pour servir à l'histoire de la démocratie ; et c'est surtout leur signification sous ce rapport qui nous a frappé. Ils fournissent en effet la preuve évidente que toutes les plus récentes combinaisons de gouvernement, toutes les institutions les plus modernes étaient, comme nous l'avons avancé en commençant, imaginées, pratiquées dans un temps que nos législateurs d'aujourd'hui ne se font pourtant pas faute de proclamer barbare. Dans ces vieux parchemins, nous pouvons en quelque sorte, nous, hommes du XIXe siècle, nous voir passer, nous regarder comme dans un miroir ; et, plus heureux que cette vieille femme naïve, qui s'écriait en se mirant : « C'est « singulier comme les miroirs vieillissent!..., » nous trouverons, nous, qu'ils rajeunissent de beaucoup. — Qu'est-ce en effet que ces magistrats municipaux, élus pour une année seulement, investis de toutes les prérogatives de la puissance publique, l'exerçant sous leur responsabilité, et, malgré leur origine populaire, se croyant encore obligés, dans les circonstances graves et imprévues, de consulter directement l'assemblée du peuple pour conclure un traité ou organiser la défense de la ville; qu'est-ce autre chose que notre pouvoir exécutif actuel, non pas encore tout-à-fait tel qu'il est, Dieu merci, mais tel que les partisans avancés des idées démocratiques voudraient le faire?... — Qu'est-ce que ces citoyens armés, conduits par des officiers de leur choix, ces milices municipales, sinon notre garde nationale d'aujourd'hui?... Qu'est-ce, en un mot, que le droit de s'imposer soi-même, de surveiller l'emploi de son argent, de s'administrer soi-même, de conclure des alliances ou de déclarer la guerre, de délibérer sur les affaires publiques; qu'est-ce autre chose que la pratique de la souveraineté du peuple, dans toutes ses conséquences?... Il n'est pas jusqu'à l'institution du jury que l'on ne retrouve en germe, et, disons-le, dans ce qu'elle a de plus pratique et de plus raisonnable; il n'est rien enfin, dans cette constitution pourtant si défectueuse, qui ne présente, ou une conformité parfaite, ou une analogie singulière avec celle que l'on voudrait aujourd'hui nous donner; et l'on peut bien dire, en vérité, que les plus RÉACTIONNAIRES ne sont pas ceux qu'on suppose généralement.

Est-ce donc là cependant, est-ce à ce régime de sa première enfance que l'on peut espérer sérieusement de ramener aujourd'hui, pour son bien, la société?... Se pourrait-il que, comparées aux institutions les plus récemment renversées, celles des douzième et treizième siècles fussent un progrès dont la civilisation du dix-neuvième pût s'arranger? Personne assurément n'osera le soutenir, et la *réforme*, si, en dernière analyse, elle se trouvait avoir ce résultat, aurait évidemment bien trompé les intentions de ses imprudens provocateurs!... Sans aucun doute, il est permis de croire, et plus que jamais, dans un temps, dans un pays périodiquement battu de révolutions comme le nôtre, que l'on a été souvent bien injuste envers le passé; qu'il pouvait y avoir du bon dans les différentes formes de gouvernement pratiquées par nos pères, et qu'il serait peut-être sage, très sage, de recueillir avec respect, dans les débris de tant d'époques diverses, dont l'aveugle rage des démolisseurs a semé notre sol, quelques fragmens restés plus ou moins entiers, et qui feraient encore de fermes et solides assises pour nos constructions nouvelles. — Mais aussi, trop est trop!... — Nous faire remonter si haut, nous ramener en quelque sorte au point de départ, surtout nous y ramener en nous y enchaînant si bien, qu'il nous soit impossible de le perdre de vue jamais..., c'est là, il faut en convenir, faire aux vieilles institutions plus d'honneur qu'elles n'en méritent. Elles ont vécu, c'est là leur plus beau titre; jusqu'à présent on n'en peut dire autant de toutes celles dont nous avons successivement essayé pour les remplacer. Mais, du reste, considérées en elles-mêmes et théoriquement, c'était l'enfance de l'art; — et de plus, elles répondraient évidemment fort mal aux mœurs de notre temps, aux besoins vrais de notre civilisation; elles seraient sur plusieurs points inconciliables avec certaines conséquences nécessaires de notre état social. C'est ce qui nous reste à démontrer.

Les institutions démocratiques de l'ancienne France, dont nous venons de donner un exemple, partaient de ce principe éminemment faux, que chaque membre d'une même corporation, d'une même famille sociale, en faisant partie aux mêmes conditions que son voisin, jouissant d'une parfaite uniformité de droits et de devoirs avec tous les membres de cette même famille, y devait également *servir pour tout faire*... Elles n'admettaient pas les *spécialités*. Ainsi, chacun était à la fois soldat pour se défendre pendant la guerre, et diplomate pour négocier; agriculteur pour se nourrir; magistrat pour juger; législateur, administrateur, financier, etc., etc. Chacun devait revêtir enfin, qu'on nous pardonne la comparaison, une espèce de *casaque de maître Jacques*, et pourvoir successivement en personne, à toutes ses nécessités sociales. Eh bien, nous osons le dire hautement, c'est là un des principaux caractères de la barbarie!... — En industrie, la division du travail est la première condition d'un bon travail; en politique, la bonne distribution des rôles, l'appropriation des capacités individuelles est la première condition de la bonne organisation sociale. En conférant à chacun cette multitude d'attributions diverses, il est impossible d'espérer à la longue autre chose que le chaos.

Voyez, par exemple, dans les pays misérables où l'agriculture est à l'état d'enfance, ces pauvres métayers, obligés de faire rendre à leur petit champ tout ce qui leur est nécessaire pour vivre. Ils n'ont pour se vêtir, pour se nourrir que les produits directs et immédiats de leur propre travail. Point de valeurs conventionnelles, point de signe monétaire pour faciliter les échanges et s'aider du travail des autres. Aussi, quelle existence et quelle misère profonde!... C'est quelque chose d'analogue qui se produit dans le gouvernement, alors que chacun se trouve dans la nécessité de pourvoir directement, sans intermédiaire, à tous ses besoins sociaux, de même que le colon doit pourvoir, sans moyen d'échange, à tous ses besoins matériels.

C'est pourtant là le beau idéal du gouvernement démocratique; c'est là l'état dont nous avons essayé de donner un exemple dans la notice qui précède, sur l'histoire de la ville de Périgueux!... Peut-on se figurer un système plus anti-social, reposant sur une idée plus fausse? Il suppose que l'homme, placé dans le monde pour y vivre à côté de ses semblables, forme à lui seul un tout complet; qu'il est seul, et d'une manière absolue, son propre maître; et, comme conséquence, que la société, collection de ses souverainetés individuelles, est toujours, à tous les momens de son existence, parfaitement libre de disposer d'elle-même comme elle l'entend. — Or, ni l'homme, ni la société, faite en quelque sorte à son image, ne peuvent légitimement prétendre à cette complète indépendance; l'un et l'autre, sans pouvoir être dépouillés de leur liberté, sont assujettis cependant à des lois qu'ils n'ont pas faites, concourent à une œuvre qui reste le secret de la Providence; et établir, en principe, qu'aucune limite ne doit être posée à l'exercice de la souveraineté de l'homme, ni à la souveraineté du peuple, qui en est la prétendue conséquence, attribuer à *tous* un droit, un pouvoir absolu qui n'appartient pas à *chacun*, c'est commettre, au point de vue de la saine morale, une évidente et dangereuse erreur.

Toute constitution politique, basée sur cette théorie de la démocratie pure, de la souveraineté populaire illimitée, est donc radicalement mauvaise ; repose sur une idée fausse. — Mais sans insister sur son vice au point de vue de la théorie, sans recourir pour démontrer la fausseté du principe à des argumens philosophiques, que l'on observe seulement ses conséquences nécessaires ; que l'on juge l'arbre par ses fruits !... Il est évident qu'un état ainsi formé par la *juxtà-position* d'individualités parfaitement uniformes, qu'aucun lien de dépendance et de solidarité réciproques ne rattache fortement les unes aux autres, est voué fatalement à l'*égoïsme*, cette plaie des sociétés modernes, ce dissolvant déplorable, dont nous subissons la triste influence. Et sous ce rapport, nos conditions sont pires que celles de l'ancienne France. Nous sommes désarmés contre ce danger, auquel la société de l'ancien régime échappait en partie par son fractionnement et par l'esprit de corps dont chacune de ses parties était animée. Dans l'ancienne France, en effet, l'action constante et à tous les degrés du principe hiérarchique, tendait à recomposer sans cesse ce que l'influence du principe démocratique tendait sans cesse à dissoudre, et ces deux forces contraires maintenaient l'équilibre dans le gouvernement. Il se trouvait ainsi protégé contre cette conséquence funeste de la démocratie, l'émancipation trop complète de l'individu. Ce remède à un mal nécessaire sous l'empire d'une constitution démocratique, nous l'avons rejeté; cette arme efficace dont pouvait disposer pour sa défense la société de l'ancien régime, elle n'est plus à notre usage; nous voulons non-seulement l'égalité absolue des droits politiques, mais encore l'uniformité complète des conditions civiles. Ce sont là aujourd'hui des données essentielles du problème, et toute institution qui froisserait sur un de ces points les susceptibilités d'une opinion publique exigeante et jalouse, soulèverait de nouveau des tempêtes. Force nous est donc de chercher quelqu'autre chose pour remplacer les *classes sociales*, l'esprit de corporation, et toutes les fictions hors de service, qui protégeaient l'ancienne société contre l'invasion menaçante de l'égoïsme. Pour le moment, on lui oppose... la *fraternité*!... Excellent et efficace remède, assurément, si quelqu'un au monde avait le pouvoir de l'administrer au malade. Malheureusement, les meilleures lois civiles n'ont guère qu'une valeur *négative*. Elles peuvent bien à la longue parvenir à réprimer les vices; elles sont impuissantes à commander les vertus; et requérir d'autorité ces vertus, les vouloir de force faire entrer dans la société, c'est associer imprudemment la législation temporelle et la loi religieuse; c'est reculer de plusieurs siècles, en rétablissant cette confusion déplorable, qui a produit jadis l'inquisition et toutes les horreurs du fanatisme; c'est oublier le divin précepte : « Mon royaume n'est pas de ce monde, » en prenant des lambeaux de l'évangile pour les ériger en articles de loi. — Or, c'est encore là une expérience faite; il n'est pas de plus dangereuses tentatives. Toutes les lois humaines, en effet, ont besoin de *sanctions*; et qui complètera dignement l'évangile par un code pénal approprié à ses dispositions divines?... Il est vrai que c'est comme principe philosophique, et non pas comme vertu chrétienne, que la charité, sous un nouveau nom, est inscrite dans nos codes. — Dieu sait si le détour est bon pour en assurer l'efficacité!...

Et en même temps que la protection est pour nous moindre, le danger est plus grand; l'égoïsme a sur notre société plus de prise qu'il n'en avait sur celle de l'ancien régime. On lui a évidemment ouvert une large porte en substituant aux catégories *nobiliaires*, les catégories *intellectuelles*. C'est encore là un de ces principes abstraits, uniques souverains tolérés dans le gouvernement de la société moderne, et dont les déductions logiques, si imprudemment transportées du monde des idées dans le monde des faits, ont déjà causé plus de mal que tous les caprices et la tyrannie des souverains les plus absolus. Pour établir dans la société une certaine organisation hiérarchique, sans laquelle force est bien de reconnaître qu'elle ne peut exister; pour y maintenir cette apparence d'organisation, sans rentrer dans le régime des fictions légales, qui répugnent à nos esprits positifs, on a emprunté aux théories philosophiques le droit absolu *des capacités*. La théorie est belle assurément; mais, dans la pratique, il est évident que rien n'est plus propre à surexciter toutes les passions personnelles, jalouses, égoïstes, à exalter l'individualité. C'était une idée sage et pratique, comme le remarque Pascal (1), d'avoir adopté, pour déterminer la place

(1) Que l'on a bien fait de distinguer les hommes par l'extérieur, plutôt que par les qualités intérieures! Qui passera de nous deux?... Qui cèdera la place à l'autre?... Le moins habile?... Mais je suis aussi habile que lui!... Il faut se battre sur cela. — Il a quatre laquais, et je n'en ai qu'un. Cela est visible; il n'y a qu'à compter; c'est à moi de céder, et je suis un sot si je conteste. Nous voilà en paix par ce moyen, ce qui est le plus grand des biens.

de chaque citoyen dans l'état, certaines qualités matérielles, précises, faciles à constater, indépendantes des volontés, surtout des prétentions individuelles. Cette idée était habilement mise en œuvre dans l'ancienne société, sans avoir dans la pratique rien de trop gênant. Les exemples abonderaient, en effet, à toutes les époques de notre histoire pour prouver, par des exceptions nombreuses et éclatantes, que la règle n'était pas inflexible ; en fait, nous n'avons jamais rien eu en France qui ressemblât aux castes indiennes et à leur fixité stupide. De tout temps, au contraire, le passage d'une classe sociale dans une autre a été, non-seulement possible, mais fréquent. Devant la réalité d'un grand génie, d'une capacité exceptionnelle, la fiction perdait toute valeur, et les médiocrités seules avaient à compter avec *la règle*, dont l'inflexibilité prétendue arrêtait les faibles, sans décourager les forts. Dans cette juste mesure, prudemment gardée, la règle était bienfaisante et ses effets favorables au développement d'une sage démocratie. Rien ne le prouve mieux que ce qui se passe aujourd'hui.

L'obligation de servir l'état dans une carrière spéciale, déterminée à l'avance pour chacun par le hasard de sa naissance, n'est plus imposée à personne. Chaque citoyen n'est plus le membre né d'une famille sur laquelle l'état exerce un droit de réquisition constant et absolu. Il est libre de se tourner du côté qu'il lui plaît, de choisir la carrière à laquelle il se veut consacrer; il pèse les chances plus ou moins avantageuses que peut lui réserver la carrière d'homme public, fait à part soi, à un point de vue exclusivement égoïste, son calcul de profits et pertes, cherchant à placer le capital de ses facultés intellectuelles au plus haut intérêt possible, et ne les met en général à la disposition de la patrie que quand il a perdu l'espérance d'en tirer ailleurs un meilleur parti. Sa décision prise, sans que rien l'ait gêné, le choix de sa carrière arrêté, se trouve-t-il du moins satisfait de son sort? Nullement. Depuis que chacun peut prétendre à tout, nul n'est content, s'il n'a tout obtenu. Et qui ne se plaint d'avoir été mal apprécié, méconnu, incompris? Depuis que chacun est chargé de se faire à soi-même un sort, qui ne gémit avec amertume de celui qu'il prétend subir? Ainsi, encouragemens prodigués à toutes les passions égoïstes, et impossibilité avérée de les satisfaire ; voilà le résultat le plus clair de notre démocratie moderne, que l'on dirait vouée au culte exclusif d'une philosophie spéculative.

Encore si, pour nous consoler des difficultés d'organisation, des inconvéniens réels que présente à chaque pas la pratique de ces belles théories, nous pouvions nous rendre ce glorieux témoignage que nous travaillons à inaugurer sur la terre le règne de la raison pure, à mettre en parfaite harmonie les institutions sociales et les perceptions de l'intelligence !... Alors même, le problème ne serait pas résolu. Car, de même que l'homme moral ne vit pas seulement de pain, l'homme politique ne vit pas seulement de bon sens. Il faut autre chose pour faire marcher une société ; elle a d'autres besoins à satisfaire que ceux de la philosophie, de la raison logique, et vous la traitez mal, en ne tenant compte que de ces besoins là ; une constitution peut être solide, sans être logique et bien faite. Et d'un autre côté, quelque Pygmalion politique trouvât-il le moyen de donner la forme et la vie aux principes abstraits d'une charte constitutionnelle émanée d'un rayon de la vérité suprême, le peuple, qui chercherait son salut dans cette constitution miraculeuse, serait, selon toute apparence, fort mal gouverné. Mais, quoiqu'il en soit, nous n'en sommes pas là, et nous nous flatterions à tort d'être rentrés, grâce à nos institutions modernes, dans la réalité *du vrai*; d'avoir purifié la loi civile de tout alliage étranger, de tout tribut payé par elle à l'influence occulte et supérieure d'une fiction plus ou moins raisonnable. L'avènement des capacités, l'usurpation de l'intelligence, n'est évidemment qu'un despotisme, une usurpation comme une autre; car le fait de l'aptitude, de la capacité individuelle, n'est pas moins un hasard que celui de la naissance. Diviser et classer les citoyens suivant la mesure de leurs facultés, ou suivant les mérites de leurs ancêtres, est-ce donc chose bien différente? N'est-ce pas surtout, dans un cas comme dans l'autre, porter atteinte au principe de l'égalité? — Aussi qu'arrive-t-il?... Interrogez les réformateurs de la dernière école, les socialistes, les communistes, etc., etc., leurs doctrines nous inspirent peu de sympathie. Mais quels argumens invoquer pour les combattre, en partant du principe de l'égalité absolue? A tous ceux qu'on pourra leur opposer, ils répondront avec assez d'apparence que les basses classes n'ont jusqu'ici rien gagné à la révolution de 1789. Au fait, les pauvres d'esprit ne sont pas aujourd'hui beaucoup mieux traités que ne l'étaient jadis les hommes *de peu*, comme on parlait alors. Cependant, en rigoureuse et philosophique justice, les uns ne devraient, pas plus que les autres, être responsables de leur sort, porter la peine de ce qui leur manque!...

. . . .

Et que l'on ne prétexte pas pour se justifier, que la capacité s'acquiert; que les facultés, l'intelligence se développent par l'étude, par le travail!... Il est trop évident que rien de tout cela n'est vrai d'une manière absolue, assez vrai pour en faire la base d'une constitution qui veut être logiquement irréprochable. — Et quand bien même d'ailleurs le mérite, la valeur d'un homme serait toujours en juste proportion avec les efforts qu'il a dû faire pour l'acquérir, les occasions, les circonstances qui seules peuvent lui permettre de faire apprécier cette valeur, d'obtenir la légitime récompense de son travail, est ce lui, est-ce la société même qui les fera naître? L'homme est-il plus affranchi, plus indépendant de la fortune qu'il ne l'était jadis?... Non; la dépendance est la même; elle a seulement changé de nature; les hommes d'esprit sont aujourd'hui plus nombreux que n'étaient autrefois les gentilshommes; — cela peut être;... mais ils forment comme ceux-ci une *classe* privilégiée, bien plus exclusive, bien plus intolérante, bien plus *aristocratique*, dont l'existence est tout aussi injustifiable en théorie, dont la nature est aussi antipathique au principe d'égalité.

Aux catégories de l'ancienne société, on a substitué le cens électoral, admis comme présomption de capacité; c'était encore une fiction légale; elle a duré moins que les autres, et a de même fait son temps. On est arrivé au suffrage universel. Il semble difficile de s'approcher davantage de l'état de nature; et cependant ce n'est point encore assez. Cet état laisse subsister les inégalités individuelles; on les attaque. « A chacun suivant ses facultés » paraît une so-

société trop aristocratique.— On demande l'égalité *des salaires*. Puis enfin : « A chacun suivant « ses besoins, » ce qui ferait une sorte d'aristocratie à l'envers,... et le cercle sera parcouru tout entier.

. . . .

Parlons sérieusement ; non, l'égalité n'existe pas dans la nature, et sa recherche est vaine!... Le christianisme seul la révèle à notre esprit comme un de ces biens dont la pure et parfaite jouissance nous est interdite en ce monde ; il nous y prépare en nous en demandant momentanément le sacrifice. Mais, quel que soit le développement du principe démocratique dans un pays, la constitution politique ne réussira jamais à la réaliser, à se l'incorporer pour ainsi dire, de manière à en faire la règle d'une société humaine.

. . . .

Au moyen-âge enfin, le développement large et fécond du principe démocratique était encore facilité par une circonstance qui ne peut plus se reproduire aujourd'hui : cette circonstance était l'intervention fréquente, habituelle, invoquée souvent, toujours respectée, du pouvoir spirituel dans le gouvernement de la société civile. Dans l'histoire de ce petit état que nous avons pris pour exemple, on a vu l'évêque de Périgueux, avec l'autorité de son caractère religieux, se porter plusieurs fois médiateur entre la ville et la Cité, se faire accepter pour arbitre, juger leurs différens. C'était là un fait fort général. De son côté, la loi civile prêtait sa sanction à la loi religieuse. Elle punissait comme crime l'adultère, le blasphème, etc., etc. Dans l'échelle des pénalités, elle tenait compte de la gravité du péché comme de l'importance du *délit*. Cette confusion, barbare si l'on veut, et en tout cas inadmissible aujourd'hui, du pouvoir temporel et de l'autorité civile, était toute à l'avantage de la démocratie, car elle rendait à son tour possible et acceptable la confusion dans le pouvoir politique de ces deux élémens : La force matérielle et l'autorité morale. Grâce à elle, la souveraineté du peuple était dominée par une souveraineté supérieure, et d'une nature plus glorieuse pour l'humanité ; c'est Dieu qui régnait dans l'état, les masses pouvaient gouverner. La Majesté suprême de la religion contenait, par le sentiment toujours présent d'une responsabilité future, ce despotisme des majorités numériques, le plus abrutissant auquel puisse être livré le monde.

. . . .

Ce correctif moral de la souveraineté du peuple n'est pas plus possible désormais que ne l'est cet autre correctif pratique, le morcellement de la société en petits groupes distingués les uns des autres par le hasard de la naissance. Nos législateurs respectent la religion ; mais ils n'en usent pas ; en lui reconnaissant une certaine utilité en vue de préparer les hommes à l'autre monde, ils ne croient pas pouvoir prendre jamais assez de précautions pour lui interdire toute part d'action sur celui-ci. La séparation des deux pouvoirs, impérieusement réclamée par nos mœurs publiques est plus complète aujourd'hui qu'elle n'a jamais été ; l'influence du spirituel sur le temporel est absolument nulle. *L'état n'a pas de religion* ; nos réformateurs apparemment ne veulent pas renoncer à cette conquête de 1789. C'est fort bien, mais au moins qu'ils en acceptent donc les conséquences! Elles sont évidemment défavorables au développement normal et régulier de la démocratie.

Que se passe-t-il, en effet, sous le régime des fictions, des pouvoirs délégués? — Les dépositaires de ce pouvoir subissent évidemment toujours, dans une certaine mesure, l'influence de l'opinion publique, la pression des masses populaires auxquelles, quoiqu'on fasse, appartient en dernière analyse la force matérielle, l'*ultima ratio*. Si antique et si respecté que soit le contrat entre le gouvernement et les gouvernés, ce n'est jamais cependant qu'un contrat, une œuvre faite de main d'homme, un rempart artificiel opposé à cet élément envahisseur de la force matérielle, que l'on ne parviendra jamais à déposséder complètement de sa part légitime d'influence dans le monde. La force est patiente de sa nature; un despote peut abuser, et abuser long-temps, cela s'est vu, de l'autorité morale qui lui a été remise dans un intérêt public. Mais, après tout, il ne pourrait en abuser indéfiniment sans provoquer des vengeances redoutables et des révolutions infaillibles. Pour l'amour des plus belles théories, un peuple ne se résignera jamais à tout souffrir. Aussi, quelle que soit la forme du gouvernement, absolu ou constitutionnel, que les garanties prises contre les empiétemens du pouvoir politique pour la sécurité des gouvernés, soient écrites tout au long dans une charte constitutionnelle, ou bien laissées à l'appréciation arbitraire de tous; que l'on étrangle le souverain, comme en Turquie, ou qu'on mette en accusation ses ministres, comme en Angleterre, toujours le pouvoir délégué, vivant du commun consentement, sentira au-dessus de lui cette puissance irrégulière, mais réelle des masses populaires, puissance avec laquelle il lui faut compter sans cesse, qu'il lui faut respecter, et qui ne lui passerait pas certains excès. D'un autre côté, la difficulté de se mettre en mouvement, l'instinct de ce que leur coûtent les révolutions les plus légitimes, l'habitude du respect, prémunissent ces masses elles-mêmes contre la tentative dangereuse d'une intervention trop fréquente dans le gouvernement. De là des concessions mutuelles et qui profitent à tout le monde; de là une transaction salutaire et constante entre la fiction et la réalité.

Ce n'est plus de cette manière que peuvent se passer les choses, sous le régime de la démocratie pure, du gouvernement de tous par tous. Ici, la puissance publique, l'autorité active n'a plus rien au-dessus d'elle. Le peuple reste en possession, non-seulement de ses droits naturels, imprescriptibles et incontestables, mais encore de l'exercice journalier de tous ses droits. Il joue dans le gouvernement, non plus le rôle d'une armée de réserve, ne donnant qu'aux grandes occasions, mais du corps de bataille, toujours en mouvement, toujours engagé. Mais alors, qui le contiendra lui-même dans de justes limites?... Qui le préservera des excès auxquels l'enivrement de sa force doit nécessairement l'entraîner? Qui lui imposera, si ce n'est l'autorité religieuse? Que pourrait-il craindre et respecter au-dessus de lui, si ce n'est la religion?... Est-ce pour la constitution politique, pour la loi civile qu'il pourra professer un culte de respect et de tremblement, alors que cette loi, cette constitution c'est lui-même qui la fait, qui la change et qui la défait chaque matin, suivant les caprices de la journée? Et cependant, il faut du respect dans le monde. C'est un sentiment qui répond à un instinct honorable et pieux de notre nature. Aussi, lorsque rien dans la société ne lui présente des conditions d'antiquité, de stabilité suffisantes pour qu'il s'y puisse attacher, il se concentre tout entier sur la loi religieuse, dont la vérité immuable, indépendante des hommes et des événemens, lui offre un éternel aliment.

De là vient que les abus de l'esprit religieux, l'intolérance et le fanatisme sont plus communs dans les démocraties que dans toute autre forme de gouvernement. Dans l'antiquité, le peuple craignait de rien entreprendre avant d'avoir consulté les augures, et la décadence de la république populaire a commencé à Rome aussitôt que l'esprit raisonneur et philosophique s'est substitué à l'esprit religieux. Avant, comme depuis le christianisme, dans l'antiquité comme au moyen-âge, plus l'influence démocratique a prévalu dans les institutions, et plus l'action de la religion et de ses ministres sur le gouvernement temporel de la société a été directe et puissante. C'est là, encore une fois, une ressource qui nous manque complètement aujourd'hui. La science des principes abstraits, la philosophie, telle est la seule religion officielle, pratique, admise par nos hommes d'état, la seule dont le concours soit accepté dans le gouvernement des affaires temporelles. Et comment compter beaucoup sur celle-là pour dominer la démocratie, pour inspirer au peuple souverain une foi que cette religion là n'a jamais eu en elle-même?...

Concluons, sans craindre de blesser un préjugé malheureusement trop général, que le remède aux maux de la société moderne n'est pas là où on le cherche!... Nous avons essayé de prouver dans cet écrit, d'abord que les formes démocratiques ne sont pas d'invention récente; que le principe démocratique est dans le gouvernement un élément nécessaire; mais n'a jamais été et ne peut pas être le gouvernement tout entier; ensuite, que si la démocratie est l'idole du jour, la fantaisie du moment, elle n'est cependant pas, quoiqu'on en dise, le besoin sérieux et vrai de notre civilisation, ne contient pas le germe de son développement; qu'elle ne rencontre dans la société du XIXe siècle, telle que cette société est nécessairement constituée, aucune des conditions qui lui sont le plus nécessaires, rien de ce qui peut la soutenir et la contenir, rien enfin de ce qui la rendait possible et féconde autrefois; lui abandonner aujourd'hui le gouvernement absolu, c'est céder à une intimidation dont l'effet infaillible serait de nous ramener aux temps barbares; c'est prendre une velléité de malade, pour un besoin réel; un vain caprice populaire, pour une nécessité respectable.

Ces observations réussiront-elles à convertir personne? Nous n'osons guère l'espérer; car c'est surtout sous le régime de la souveraineté populaire, que le souverain aime les flatteurs, s'en entoure, et refuse d'écouter quiconque essaie de lui parler raison. Le peuple est le plus jaloux des despotes, et c'est bien de lui qu'on peut dire :

« *Sua cuique deus fit dira cupido.* »

Mais, pour ceux qui ne partagent pas l'entraînement général, qui ne peuvent s'associer à la passion dominante, il reste du moins un droit sacré, dont on ne saurait les priver sans violer le principe même du gouvernement, celui de le déclarer tout haut, de le professer avec une entière liberté, et d'abdiquer leur part d'empire, pour rester provisoirement sujets résignés, mais non convaincus, de la majorité régnante.

FIN.

www.ingramcontent.com/pod-product-compliance
Ingram Content Group UK Ltd.
Pitfield, Milton Keynes, MK11 3LW, UK
UKHW012043240726
13965UKWH00003B/1005

9 782012 464063